Detlef Horster Rechtsphilosophie

Den roten Faden dieses Bandes zur Rechtsphilosophie bildet das Verhältnis von Recht und Moral. Historisch betrachtet, waren Recht und Moral zunächst untrennbar verbunden: Was rechtlich nicht in Ordnung war, verstieß in der griechischen Antike auch gegen moralische Normen. Heute lassen sich hingegen klare Unterschiede benennen, so kommen Gesetze etwa durch Beschluss zustande und gelten ab einem bestimmten Zeitpunkt, was für moralische Regeln undenkbar ist.
Vorgestellt werden die zwei grundlegenden Richtungen der Rechtsphilosophie: Naturrecht und Rechtspositivismus. Dabei werden systematische mit historischen Ansätzen verknüpft.

Detlef Horster, geb. 1942, war – mit Unterbrechungen durch Gastprofessuren u. a. in der Schweiz und in Südafrika – bis 2007 Professor für Sozialphilosophie an der Leibniz Universität Hannover.
Buchveröffentlichungen u. a.: *Angewandte Ethik* (Hg., 2014); *Texte zur Ethik* (Hg., 2012); *Ethik der Behindertenpädagogik* (Hg., zusammen mit Vera Moser, 2012); *Ethik* (Reihe »Grundwissen Philosophie«, 2009), *Sozialphilosophie* (Reihe »Grundwissen Philosophie«, 2005)

Grundwissen Philosophie

Rechtsphilosophie

von

Detlef Horster

Reclam

RECLAM TASCHENBUCH Nr. 20355

Reihengestaltung Grundwissen Philosophie: Gabriele Burde
Umschlagabbildung vorn: Karl Blossfeldt: Haarfarn.
Umschlagabbildung hinten: © privat
Gesamtherstellung: Reclam, Ditzingen
Printed in Germany 2014
RECLAM ist eine eingetragene Marke
der Philipp Reclam jun. GmbH & Co. KG, Stuttgart
ISBN 978-3-15-020355-2

Auch als E-Book erhältlich

www.reclam.de

Inhalt

Vorwort

Vor mehr als einem Jahrzehnt habe ich in der von mir im Jahre 1977 gegründeten Buchreihe mit dem Titel »Zur Einführung« (vgl. Hauskeller 1996, 126) den Band *Rechtsphilosophie zur Einführung* geschrieben. Dieser Text konnte für das vorliegende Buch nicht Grundlage sein. Die Reihe »Grundwissen Philosophie« ist anders konzipiert als die verschiedenen Einführungsreihen, die es auf dem Buchmarkt gibt. Für einen Band in der Reihe »Grundwissen Philosophie« gilt es für jede Autorin und jeden Autor einen zentralen Gesichtspunkt zu ermitteln, der sich in allen Kapiteln wiederfindet.

Dementsprechend gehe ich vorwiegend systematisch vor, versuche aber dennoch eine möglichst chronologische Darstellung. Das gelingt nicht immer. Beispielsweise wird Bloch schon vor Hegel dargestellt, denn mit Bloch und Grotius kann man exemplarisch zwei unterschiedliche Arten der Bezugnahme des Naturrechts auf das positive Recht zeigen. Auf der einen Seite soll das Naturrecht ein Korrektiv des kodifizierten Rechts darstellen (Bloch), auf der anderen Seite stellt das Naturrecht die Basis für das positive Recht dar (Grotius). Hegel markiert in der Systematik den Übergang vom Naturrecht zum Rechtspositivismus. Jedenfalls geht er in seiner Rechtsphilosophie vom tatsächlich existierenden Recht aus, in das die Grundsätze des Naturrechts eingegangen sind. – Auch Marx wird nicht in der Chronologie dargestellt. Da er in den gängigen Kompendien nicht unter den Rechtspositivisten zu finden ist, müssen hier die bekannten Rechtspositivisten zunächst behandelt werden, um zeigen zu können, dass Marx systematisch dort zu verorten ist.

Ich danke dem Kollegen Héctor Wittwer für Gespräche, wertvolle Hinweise und Kritik und der Rechtsanwältin Ulla Junckersdorf für ihre sachkundige Durchsicht des Teils über das Verfahrensrecht.

1. Einführung: Das Verhältnis von Recht und Moral

Die Frage nach dem Verhältnis von Recht und Moral ist der Fokus der Rechtsphilosophie in Vergangenheit und Gegenwart, in der Rechtspraxis wie in der Rechtstheorie. Héctor Wittwer sagte in einem Vortrag am 15. Mai 2012 in Hannover, »dass die Frage, wie sich Recht und Moral zueinander verhalten, nach wie vor zu den am intensivsten diskutierten Problemen der Rechtsphilosophie zählt«. Dieselbe Überzeugung wird in einer anderen aktuellen Publikation zum Thema geäußert: Das »zentrale Thema der Rechtsphilosophie in der gegenwärtigen Diskussion« ist das »Für und Wider der Trennung von Recht und Moral im positiven Recht und damit die Gegenüberstellung von Naturrecht und Rechtspositivismus« (Gärtner 2012, 102). Darum ist es sinnvoll, die Themen Naturrecht und Rechtspositivismus zu den beiden großen Themen dieses Bandes zu machen und das Verhältnis von Recht und Moral zum Leitfaden durch den vorliegenden Band. Dazu bedarf es einer Vorklärung des Verhältnisses von Moral und Gerechtigkeit.

Vorklärung: Gerechtigkeit und Moral

Meist wird in der Rechtsphilosophie die Frage nach dem Verhältnis von Recht und Moral als die nach dem Verhältnis von Recht und Gerechtigkeit angesehen. Doch ist Gerechtigkeit nicht unbedingt mit Moral gleichzusetzen. »Überraschenderweise spielt der Gerechtigkeitsbegriff bei [dem Moralphilosophen par excellence] Immanuel Kant keine prominente Rolle. [...] Kant selbst [nimmt] keinerlei Verknüpfung seines Moralprinzips mit dem Gerechtigkeitsbegriff vor.« (Horn/

Scarano 2002, S. 164; vgl. auch Gärtner 2012, 175) Im IV. Abschnitt der Einleitung der *Metaphysik der Sitten* heißt es allerdings: »Was nach äußeren Gesetzen recht ist, heißt gerecht (iustum), was es nicht ist, ungerecht (iniustum).« (AB 23) Man könnte an dieser Stelle einen Analogieschluss von den »äußeren Gesetzen«, also vom Recht, auf die Moral vornehmen und sagen, dass es nach Kant gerecht ist, wenn man den vollkommenen moralischen Pflichten nachkommt. (Vgl. dazu Horster 2012, 46 f.) Darum lässt sich mit dem hier formulierten Vorbehalt das Verhältnis von Moral und Recht als das Verhältnis von Gerechtigkeit und Recht ansehen. Dies ist insofern plausibel, als das Fundament der Gerechtigkeit die Gleichheit ist – und die Basis jeder moralischen Norm die Anerkennung des Gegenübers als gleich.

Aristoteles betont in der *Nikomachischen Ethik*, dass für ihn jegliche Tugend in der Gerechtigkeit enthalten ist. (Vgl. 1129b 29) Bei ihm also nimmt die Gerechtigkeit innerhalb seiner Moralphilosophie eine prominente Stelle ein und es gibt eine direkte Verknüpfung von Moral (das ist bei Aristoteles die Tugendethik[1]) und Gerechtigkeit. »Sie gilt als die vollkommenste Tugend, weil sie die Anwendung der vollkommensten Tugend ist.« (1129b 30) Aristoteles resümiert: Gerechtigkeit und Tugend bzw. Moral »sind dasselbe, ihr Begriff aber ist nicht derselbe, sondern insofern es sich um die Beziehung auf andere handelt, redet man von Gerechtigkeit, insofern es sich aber um einen Habitus handelt, der sich in den Akten der Gerechtigkeit auswirkt, redet man von Tugend schlechthin« (1130a 12 f.). Während Platon noch eine Parallelität oder gar Identität zwischen einem gerechten Menschen und einer gerechten Gesellschaft annimmt, wie wir später noch sehen werden, macht Aristoteles einen deutlichen Unterschied zwischen einem gerechten Menschen, das ist für ihn ein tugendhafter Mensch, und einer gerechten Gesellschaft oder Institution.

Heute ist vornehmlich die letztgenannte Form gemeint, wenn von Gerechtigkeit die Rede ist. Gesprochen wird in der Regel von einer Institutionengerechtigkeit; ein Begriff, der sich später in der Philosophie etabliert hat. (Vgl. Rawls 1975, 19) Auch John Rawls, der mit seiner *Theory of Justice* die wohl bedeutendste Gerechtigkeitstheorie der Gegenwart vorgelegt hat, widmet sich ohne Umschweife der Gerechtigkeit im Gemeinwesen und nicht dem einzelnen gerechten Menschen.

Man wird die Gerechtigkeit als Ideal ansehen müssen, das – um einen Gedanken von Jürgen Habermas aufzugreifen (vgl. Habermas 1989, 132 f.) – wie alle Aufklärungsideale regulativ und konstitutiv zugleich ist. Damit ist gemeint, dass Ideale unsere Wirklichkeit strukturieren. Nehmen wir die Institution des Gerichtsprozesses: Der Prozess kommt überhaupt nur dadurch zustande, dass ihm die Idee der Gerechtigkeit zugrunde liegt und die Parteien, die einen solchen Prozess anstreben, davon überzeugt sind, dass durch ihn Gerechtigkeit hergestellt wird, denn sonst würde niemand den Weg zum Gericht antreten. Die beiden Parteien, die vor dem Richter erscheinen, fühlen sich jeweils im Recht und fänden es ungerecht, wenn der Richter das nicht auch so sehen würde. (Vgl. Lahusen 2011, 123) Die Gerechtigkeit ist demnach konstitutiv für das Zustandekommen und die Durchführung des Prozesses. Zugleich aber ist die Gerechtigkeit regulativ, weil man sich an der Idealvorstellung von Gerechtigkeit orientiert und versucht, sie in jedem Prozess erneut zu realisieren, und zwar noch besser als vorher.

Moral bezieht sich auf das menschliche Handeln. Mit Blick auf einen Menschen können wir feststellen, ob er sich in seinem Handeln an moralischen Normen orientiert. Wir würden aber nicht von moralischen oder unmoralischen Institutionen sprechen, sondern von gerechten oder ungerechten. Geht es um Institutionen, beispielsweise um einen Prozess, ein Urteil oder ein Schöffengericht, ist das Verhältnis von Gerechtigkeit und Recht angesprochen. Die Rede ist dann etwa von einem gerechten Urteil, Gericht oder Prozess. Man spricht auch von einem gerechten oder ungerechten einzelnen Richter. In dem Fall ist aber die juristische Institution des

Richters gemeint, denn wir müssen »Amt und Person bei der Rechtsprechung« unterscheiden. (Weyers 2012, 46) Insofern ist mit dem Verhältnis von Moral und Recht in der Bezugnahme auf Institutionen das Verhältnis von Gerechtigkeit und Recht gemeint.

Begriffsbestimmung von »Recht« und »Moral«

Für Sokrates war eine Differenz von Recht und Moral noch nicht denkbar, denn für ihn waren individuelle Tugend und gemeinschaftliches Recht identisch; ein Verstoß gegen das Recht war zugleich ein Verstoß gegen moralische Regeln. (Vgl. Platon, *Kriton* 53 c) Zunächst eine Einheit bildend, traten Moral und Recht im Verlauf der Geschichte immer weiter auseinander: »Am Beginn der Entwicklung [des Rechts] bildet es eine kaum zu trennende Einheit mit Religion, Moral und Sitte. […] Seit Christian Thomasius und Immanuel Kant ist die Moral begrifflich vom Recht geschieden, ohne daß man beide letztlich trennen kann.« (Wesel 1997, 46)
Folgende fünf Unterschiede zwischen Recht und Moral sind hervorzuheben:

(1) Wie Kant in der *Einleitung zur Tugendlehre* schreibt, übt das moralische Gesetz einen inneren Zwang auf den Menschen aus; Kant bezeichnet es später als Gewissen. (Vgl. A 100) Das Recht hingegen zwinge den Menschen äußerlich. (Vgl. A 28) Darum könne Recht immer nur im Zusammenhang mit der staatlichen Zwangsgewalt existieren.
(2) Das jeweilige Zustandekommen unterscheidet ebenfalls rechtliche Normen von moralischen Regeln: Der Gesetzgeber beschließt die Rechtsnormen. Für moralische Regeln ist ein solches Verfahren undenkbar.
(3) Eine weitere Differenz: Rechtsnormen werden von einem bestimmten Zeitpunkt an in Geltung gesetzt – etwa »ab

der Veröffentlichung im Bundesgesetzblatt«. Ein solches In-Geltung-Setzen ist für moralische Regeln ebenfalls undenkbar.

(4) Schließlich gilt im Recht ein klar geregelter Vorrang des Bundesrechts vor dem Landesrecht, also die Regel »Bundesrecht bricht Landesrecht«. Somit ist es völlig unschädlich, dass noch heute der Artikel 21 der Hessischen Landesverfassung die Todesstrafe vorsieht. Außerdem heben Entscheidungen höherer Instanzen vorinstanzliche auf. Die Rechtseinheit, das heißt die einheitliche Geltung des Rechts im gesamten Staatsgebiet, wird zudem durch die Einrede der Rechtshängigkeit[2] gewahrt. Weiterhin hat im Falle der formellen Subsidiarität[3] eine Norm Vorrang vor einer anderen. Im Bereich des Moralischen hingegen muss man bei einer Pflichtenkollision bzw. in einer Dilemmasituation selbst entscheiden, welche moralischen Regeln für den Entscheidenden und Handelnden höher einzustufen sind. (Vgl. dazu Horster 2009, 37 ff.)

(5) Héctor Wittwer nennt noch ein weiteres plausibles Unterscheidungsmerkmal: »Im idealtypischen Sinne sind sowohl die Moral als auch das Recht öffentliche Systeme praktischer Normen zur Regelung des Zusammenlebens. Während es sich bei der Moral um ein informelles System praktischer Normen handelt, in dem bestimmte Handlungen geboten oder verboten werden, weil sie als geboten oder verwerflich gelten, stellt das Recht ein formelles öffentliches System praktischer Normen dar, in dem bestimmte Handlungen deshalb geboten oder verboten sind, weil sie von den dazu autorisierten Instanzen kraft Gesetz geboten oder verboten worden sind.« (Wittwer 2012, 8) Auch Stefan Weyers benennt dieses Unterscheidungsmerkmal: »Im Gegensatz zur Moral beinhaltet das Recht eine Institutionalisierung.« (Weyers 2012, 101 und vgl. 43)

Ich fasse die Unterschiede von Recht und Moral zusammen, sodass wir zu einer klaren Abgrenzung und damit zu einer Begriffsbestimmung kommen:

(1) Das Recht verzichtet im Gegensatz zur Moral auf Gesinnung, weil es sich bei seiner Durchsetzung auf staatlichen Zwang verlassen kann.
(2) Gesetze kommen durch Beschluss des Parlaments zustande, moralische Regeln nicht.
(3) Gesetze gelten ab einem bestimmten Datum. Undenkbar ist, dass moralische Normen an einem bestimmten Datum in Kraft gesetzt werden könnten.
(4) Im Recht gilt ein bis ins Einzelne geregelter Vorrang bestimmten Rechts vor anderem. Stehen hingegen moralische Pflichten gleichrangig nebeneinander, ist die individuelle Entscheidung der Betroffenen gefordert.
(5) Moral ist das Ensemble informeller Normen, während Recht das von formellen Normen ist.

2. Das Verhältnis von Recht und Moral im Naturrecht, im Rechtspositivismus und im Nationalsozialismus

Wenden wir uns nach den ersten Vorklärungen nun den beiden grundlegenden Richtungen der Rechtsphilosophie, dem Naturrecht und dem Rechtspositivismus, zu. Das nationalsozialistische Recht spielte in der Rechtsphilosophie immer eine besondere Rolle. Die Auffassungen darüber waren stets kontrovers. Im Folgenden wird in diesem Streit zwar auch eine Positionierung vorgenommen, doch dient die Darstellung vor allem der weiteren und tieferen Klärung von Naturrecht und positivem Recht und deren Unterscheidung.

Naturrecht

Sokrates und Platon

In der Polis wird die Nachfrage nach normiertem, gerechtem Recht drängend, denn nachdem sich die familien- oder standesorientierte Blutrache überlebt hatte, gab es Rechtsprozesse. Der Übergang wurde in den Tragödien unter Bezugnahme auf den Konflikt zwischen dem Stand und der Polis dargestellt. Augenfällig ist das in der *Orestie*. Nach einer Reihe von standesgemäßen Blutrachen wird Orest, der seine Mutter Klytämnestra pflichtgemäß getötet hat, als Letzter in der Reihe nicht mehr Opfer einer weiteren Blutrache, sondern er wird einer Art Prozess zugeführt, in dem es zwar zu einem Urteil kommt, das aber von Pallas Athene manipuliert wurde. (Vgl. Aischylos 458 v. Chr. / 1958, 135, Rdn 734–743) Dass es überhaupt einen Prozess gab, ist schon eine wichtige Neuerung,

die aus unserer heutigen Sicht und Interpretation auf den beginnenden Verrechtlichungs- und Demokratisierungsprozess hinweist.
Die Griechen waren in ihren Prozessen demokratisch organisiert. Deshalb bestanden ihre Gerichte aus einer großen Zahl von Volksrichtern, teilweise hundert und mehr. Vor einem Einzelnen, wie im römischen und in einem heutigen Prozess, argumentiert man anders als vor einer Volksmenge, ruhiger und genauer. »Eine Menschenmenge versucht man eher emotional und rhetorisch auf seine Seite zu ziehen.« (Wesel 1992, 53) Darum ist man auch heute noch der Ansicht, dass »nur in der Stille des Beratungszimmers [...] eine ruhige Abwägung aller Gründe für und wider die vorgetragenen Ansichten möglich [sei], nur dort würde sich der Richter unbefangen zur Sache äußern, nur dort könne ein überzeugender Beschluss getroffen werden. Eine öffentliche Urteilsberatung, so wurde befürchtet, würde die Chancen eines unbefangenen Rechtsdiskurses beeinträchtigen und die Bildung von Privatgremien befördern, in denen die entscheidenden Fragen weiterhin ungestört erörtert werden könnten.« (Lahusen 2011, 149) Unser Recht steht in dieser Hinsicht in der römischen Tradition und nicht in der griechischen.
Sokrates ging, wie gesagt, von einer Identität von Recht und Moral bzw. Gerechtigkeit aus. Zur gleichen Zeit wurde die Differenzthese formuliert: »In der griechischen Sophistik im 5. Jahrhundert v. Chr. werden zum ersten Male ›Recht‹ und ›Gerechtigkeit‹ nicht in selbstverständlicher Übereinstimmung [...] gesehen.« (Loos/Schreiber 1972, 234) Für Sokrates hingegen sind Gesetze gerecht. Unrecht erfuhr Sokrates bei seiner Verurteilung zum Tode nach seiner Ansicht nicht durch die Gesetze, sondern durch die Menschen, die sie falsch auslegten. (Vgl. *Kriton*, Kap. 16) »Es gab kein ungerechtes Recht, nur ungerechte Menschen.« (Wesel 1996, 408) Man muss hinzufügen, dass Sokrates von seiner Mentalität her einer Menschenmenge rhetorisch nicht gewachsen war.

Platon zog bei der Erörterung dessen, was Gerechtigkeit ist, eine Parallele zwischen dem Gemeinwesen und dem einzelnen Menschen und sagte, es sei für seine Analyse der Gerechtigkeit einfacher, dasselbe in großen Buchstaben zu lesen und »nachdem wir diese zuerst gelesen, dann erst die kleineren zu betrachten, ob sie wirklich dieselben sind« (*Politeia* 368d). Platon erkennt am Gemeinwesen, wie es sich beim Menschen verhalten sollte. Wenn die Tugenden sowohl im Gemeinwesen wie beim einzelnen Menschen miteinander harmonieren, sprechen wir von einer gerechten Gesellschaft oder einem gerechten Menschen. Gerechtigkeit wird deshalb von Platon als die vierte Tugend neben den drei anderen, Weisheit, Tapferkeit und Besonnenheit, angesehen. Dem Lehrstand kommt die Tugend der Weisheit zu, dem Wehrstand die Tapferkeit und dem Nährstand, der sich aus Bauern und Handwerkern zusammensetzt, die Tugend der Besonnenheit. Die Stände dürfen nicht in Konkurrenz zueinander treten, weil dies dem Gemeinwesen auf Dauer schaden, ja sogar seinen Untergang bedeuten würde. Das Gemeinwesen hat nur Bestand, wenn die Tugenden miteinander harmonieren. Dann sprechen wir von einem gerechten Gemeinwesen. Ähnlich verhält es sich beim einzelnen Menschen. Den Organen werden einzelne Tugenden zugeordnet: dem Kopf die Weisheit, dem Herzen die Tapferkeit und dem Bauch die Besonnenheit. Die Organe müssen die ihnen zugewiesenen Aufgaben erfüllen und dürfen nicht untereinander konkurrieren. Und wenn beim Menschen die Tugenden miteinander harmonieren, handelt es sich um einen gerechten Menschen. Schematisiert sieht dies so aus:

Gemeinwesen	Mensch	Tugenden
1. Lehrstand	1. Kopf	1. Weisheit
2. Wehrstand	2. Herz	2. Tapferkeit
3. Nährstand	3. Bauch	3. Besonnenheit

Bezogen auf den im 15. Jahrhundert einsetzenden Individualisierungsprozess, auf den an späterer Stelle noch eingegangen wird, muss man für die Polis noch festhalten, dass keiner seinen Stand verlassen oder seinen Beruf wechseln konnte. Wer beispielsweise dem Nährstand angehörte, konnte nicht in den Lehrstand wechseln oder umgekehrt. Heute hingegen ist es den Menschen durchaus möglich, den Beruf und den Ort ihrer Tätigkeit zu wechseln.

Was bedeutet das nun für das Recht bei Platon? In seiner Schrift *Nomoi* heißt es, dass Weisheit, Tapferkeit, Besonnenheit und Gerechtigkeit die Grundlagen der Gesetze sein müssen, ganz gleich, ob der naturrechtliche Gesetzgeber (der von Zeus bestellte Gesetzgeber) gemeint ist oder jeder andere Gesetzgeber, also auch der staatliche. Ganz gleich, welcher Gesetzgeber angesprochen ist, er solle jedenfalls sein Augenmerk auf nichts anderes richten als auf die höchste Tugend, und das ist die vollendete Gerechtigkeit. (630a–d) Platon hält daher die Gerechtigkeit für die Basis des Rechts. Auch er geht ebenso wie Sokrates von der Identität von Gerechtigkeit bzw. Moral oder Tugend und dem Recht aus.

In der Antike stellte sich immer wieder die Frage, ob die Menschen das Recht setzen oder ob es ein natürliches Recht gibt. Die Sophisten sprachen vom Nomos oder von »thesei dika-

ion« (vom Menschen gesetzter Gerechtigkeit) auf der einen Seite und von Physis oder »physei dikaion« (Naturrecht) auf der anderen Seite. Das gerechte Recht zerfiel demnach in das vom Menschen gemachte und das natürliche.
Nach Ansicht von Karl-Heinz Ilting finden wir in der Stoa »zum ersten Male die Konzeption eines Naturrechts im Sinne eines universell verbindlichen Normensystems vorgezeichnet« (Ilting 1972, 257). »Naturrecht ist für Zenon von Kition (336–264 v. Chr.), den Gründer der Stoa, ›ein göttliches Gesetz und besitzt als solches die Macht, zu regeln, was Recht ist und Unrecht‹. Das Naturrecht ist dem positiven Recht vorgeordnet.« (Ceming 2010, 31) Auch im Naturrecht wird demnach das Verhältnis von kodifiziertem Recht und von Gott gegebener Moral thematisiert. Was verstehen wir unter »Naturrecht«? Am besten wird es durch die Karikatur gekennzeichnet, die man bei Uwe Wesel findet: Der Zylinder des Zauberers trägt die Aufschrift »Natur« und daraus entspringt das Recht wie ein Kaninchen. (Wesel 1992, 73) Aus der Natur wird das Recht hervorgezaubert. In dem Fall wäre das Naturrecht die Basis für das positive Recht, wie bei Hugo Grotius. Das Naturrecht wird aber auch als Korrektiv für das kodifizierte Recht angesehen, so bei Ernst Bloch.
Karl-Heinz Ilting gibt eine beide Varianten umfassende Definition:

> »Unter ›Naturrecht‹ versteht man gemeinhin das System rechtlicher Normen, die für alle Menschen als Vernunftwesen, auch ohne und im Konfliktfalle sogar gegen alle positiven, insbesondere staatlichen Gesetze und Weisungen, überall und jederzeit verbindlich sind. Der so definierte Begriff des Naturrechts hat, als solcher unverändert, in der europäischen Geistesgeschichte seit dem 5. vorchristlichen Jahrhundert bis in die Gegenwart hinein in nahezu allen Rechtsanschauungen und Normdiskussionen unter wechselnden Bezeichnungen und mit je nach dem Kontext wechselnden Konnotationen eine beherrschende Rolle gespielt.

Da die Berechtigung des Anspruchs, es gebe ein solches verbindliches Normensystem, nicht unmittelbar gewiß ist, mußte dieser Geltungsanspruch in mehr oder weniger ausgearbeiteten Naturrechtslehren jeweils eigens erörtert, begründet und entwickelt werden.« (Ilting 1972, 245)

Aristoteles

Aristoteles unterscheidet zwischen Naturrecht und positivem Recht. In der *Nikomachischen Ethik* heißt es:

»Das politische Recht zerfällt in das *natürliche* und das *gesetzliche* (positive). Natürlich ist jenes, das überall die nämliche Geltung hat, unabhängig davon, ob es den Menschen gut scheint oder nicht; gesetzlich jenes, dessen Inhalt ursprünglich indifferent ist, das aber, einmal durch Gesetz festgelegt, seinen bestimmten Inhalt hat. [...] Einige sind aber der Meinung, alles Recht sei von dieser letzteren Art, weil alles Natürliche unbeweglich ist und überall dieselbe Kraft hat [...],während man das Recht der Bewegung und dem Wandel unterworfen sieht. [...] Allein es ist damit doch nicht genau so, wie man sagt, sondern nur mit Unterschied. Bei den Göttern freilich mag sich gar keine Bewegung finden. Bei uns dagegen ist zwar auch ein Naturbereich, derselbe steht aber ganz unter dem Gesetz der Bewegung. Und doch bleibt der Unterschied dessen, was von Natur und dessen, was nicht von Natur ist, bestehen. Welches Recht aber in den Dingen, die auch anders sein können, natürlich ist und welches es nicht ist, sondern auf Gesetz und Übereinkunft beruht, obschon beides gleichermaßen beweglich ist, ist von selbst einleuchtend.« (1134b 18 ff.)

Nach Aristoteles' Ansicht ist das natürliche Recht – unabhängig von der Zustimmung der Menschen – allgemein gültig,

wohingegen das von Menschen gemachte Recht erst durch die positive Festsetzung werthaltig wird. Der Unterschied ist der, dass das natürliche Recht überall dasselbe ist, das vom Menschen gemachte hingegen nicht, »gerade so, wie es auch die Staatsverfassungen nicht sind, und doch ist eine allein von Natur die beste, finde sie sich, wo sie wolle« (1135a 5). Nun ergibt sich daraus für den Menschen eine Schwierigkeit, die Aristoteles aufzeigt: »Recht an sich ist, was in konkret bestimmter Weise getan und zugeteilt wird. Und hier immer das Richtige herauszufinden, erfordert mehr als z. B. die medizinischen Heilmittel zu kennen.« (1137a 13 ff.)
Diese Schwierigkeit zeigte sich bereits in der *Antigone* des Sophokles, gut einhundert Jahre vor Aristoteles' *Nikomachischer Ethik* verfasst. Antigone bezieht sich auf das natürliche Recht, das nach ihrer Ansicht immer bestehe, obwohl keiner wisse, woher es kommt. Dazu gehört die ihr vom Naturrecht auferlegte Pflicht, ihren Bruder Polyneikes zu beerdigen. Das ist ihr nach dem von Kreon erlassenen positiven Gesetz allerdings nicht gestattet. Dieser Konflikt zwischen dem »wandellosen« Naturrecht und dem positiven Recht, das von »heute oder gestern« stammen kann, ist Gegenstand der sophokleischen Tragödie und wird in ihr ausgetragen. Zugespitzt formuliert Antigone den Konflikt so:

> »Der das verkündete [Kreon], war ja nicht Zeus,
> Auch Dike in der Totengötter Rat
> Gab solch Gesetz den Menschen nie. So groß
> Schien dein Befehl mir nicht, der sterbliche,
> Dass er die ungeschriebnen Gottgebote,
> Die wandellosen, konnte übertreffen.
> Sie stammen nicht von heute oder gestern,
> Sie leben immer, keiner weiß, seit wann.
> An ihnen wollt ich nicht, weil Menschenstolz
> Mich schreckte, schuldig werden vor den Göttern.«
> (Sophokles 442 v. Chr. / 2000, 22, Rdn 450–459)

Aristoteles führt zur Überwindung der Schwierigkeit, das Richtige im Recht herauszufinden, wenig später die Billigkeit ein. Er schreibt: »Denn entweder ist das Recht nicht trefflich und gut, oder das Billige, wenn vom Recht verschieden, nicht gerecht, oder wenn beide trefflich und gut sind, sind sie einerlei.« (1137b 5 f.) Günther Bien bezeichnet diese »trilemmatische Paradoxie in ihrer Schlichtheit« (Bien 1995, 161) als genial und erklärt, was »Billigkeit« im Recht ist: »Einerseits ist das Billige, mit einem gewissen Recht verglichen, ein besseres Recht, anderseits ist es nicht in dem Sinne besser als das Recht, als wäre es eine andere Gattung. Recht und Billigkeit sind also einerlei, und obschon beide richtig und gut sind, so ist doch die Billigkeit das Bessere. Oder: Das Billige ist selbst ein Recht, aber besser als ein gewisses Recht, nicht aber als das Recht schlechthin. Als Definition des Billigen ergibt sich: Es ist eine Korrektur des Gesetzes, wo dieses wegen seiner allgemeinen Fassung mangelhaft bleibt.« (Bien 1995, 161) Aristoteles definiert so: »Und das ist die Natur des Billigen: es ist eine Korrektur des Gesetzes, da wo dasselbe wegen seiner allgemeinen Fassung mangelhaft bleibt. Dies ist auch die Ursache davon, daß nicht alles gesetzlich geregelt ist; denn über manche Dinge läßt sich kein Gesetz geben.« (1137b 27 ff.) Um auf der Basis eines allgemeinen, höchst abstrakten Gesetzes oder auf der Basis eines naturrechtlichen Grundsatzes, der keine positivrechtliche Normierung gefunden hat – wie in dem von Dworkin angeführten Fall Riggs gegen Palmer (vgl. hier in diesem Buch auf Seite 77) –, als Richter angemessen urteilen zu können, bedarf es der personalen praktischen Urteilskraft, einer moralischen Fähigkeit also. Über die Billigkeit gelangen moralische Gesichtspunkte ins Recht. Darin manifestiert sich allerdings ein hoher Unsicherheitsfaktor: Im heutigen Recht sprechen wir von einem Ermessensspielraum, den man bei der Auslegung von unbestimmten Rechtsbegriffen hat.[4] Das könnte der Willkür Vorschub leisten. Wir müssen offenbar damit leben, dass wir für alle in der Wirklichkeit zwar ähnlichen, doch zugleich sehr verschiedenen

Fälle keine sichere normative Basis für ein gerechtes Urteil haben können.
In einer ersten Klärung des Verhältnisses von Moral und Gerechtigkeit wurde schon auf das aristotelische Gerechtigkeitsverständnis eingegangen, allerdings nur in Bezug auf das Verhältnis zur Moral. Die Klärung dessen, was Aristoteles nun unter »Gerechtigkeit« genauer versteht und in welchem Verhältnis sie zum Recht steht, muss noch erfolgen. Bei Platon war die Gerechtigkeit die höchste Tugend. Sie harmonisiert die anderen Tugenden, also Weisheit, Tapferkeit und Besonnenheit. Wenn sie sich in Harmonie miteinander befinden, spricht Platon von einer gerechten Gesellschaft oder von einem gerechten Menschen. Aristoteles trennt die Betrachtung des Menschen und der Gesellschaft strikt, und man kann bei ihm, wenn es um die Gesellschaft als Ganzes geht, von einer Institutionengerechtigkeit sprechen, einem Begriff, der weiter oben schon erläutert wurde. Aristoteles kennt zwei Formen von Gerechtigkeit, er nennt sie partikulare Gerechtigkeiten:

- Da ist zunächst die distributive oder verteilende Gerechtigkeit. Von ihr gibt es zwei Arten: »Eine Art [ist] die, die sich [...] auf die Zuerteilung von Ehre oder Geld oder anderen Gütern [bezieht], die unter die Staatsangehörigen zur Verteilung gelangen können - denn hier kann der eine ungleich viel und gleich viel erhalten wie der andere -; eine andere ist die, die den Verkehr der einzelnen untereinander regelt.« (11301b 30 ff.) Man könnte die erste Art auch Leistungsgerechtigkeit nennen, denn dabei kommt es auf die Angemessenheit der Verteilung an. Jeder soll das bekommen, was seinen Verdiensten um das Gemeinwesen entspricht. (Vgl. Gärtner 2012, 30) Die zweite Art der distributiven Gerechtigkeit ist der Äquivalententausch, der dadurch, dass zu Äquivalenten getauscht wird, gerecht ist.
- Aristoteles kennt weiterhin die kommutative oder aus-

gleichende Gerechtigkeit, die den Benachteiligten einen Ausgleich zubilligt, sodass sie gleichgestellt werden. (1131b 25) Wenn jemand bei einem Gesetzesverstoß einen Schaden erlitten hat, muss der Richter dieses Unrecht ausgleichen. (1132a 6) »Der Richter stellt [somit] die Gleichheit [wieder] her.« (1132a 25) Die ausgleichende Gerechtigkeit spielt heute in der politischen Theorie und Praxis eine große Rolle, wenn es darum geht, die Schere von Arm und Reich zu schließen oder zumindest nicht weiter aufklaffen zu lassen.

Die Basis beider Gerechtigkeitsformen bildet der Gedanke, dass im Gemeinwesen alle Menschen gleich behandelt werden müssen, denn Ungleichbehandlung wird als Kränkung und Erniedrigung empfunden und ist somit eine Verletzung der Würde. Aristoteles war der Auffassung, dass gerecht derjenige sei, der ein »Freund der Gleichheit« ist. (Vgl. 1129a 35) Die Gleichheit ist die zentrale Eigenschaft der allgemeinen Gerechtigkeit und damit selbstverständlich auch der drei partikularen Gerechtigkeiten, der Verteilungsgerechtigkeit mit ihren zwei Arten und der ausgleichenden Gerechtigkeit.
In welchem Verhältnis zueinander stehen also Recht und Gerechtigkeit bei Aristoteles? Sie stehen in Wechselwirkung. Auf der einen Seite ist das Recht nur dann gerecht, wenn es alle gleich behandelt. Auf der anderen Seite ist nur derjenige gerecht, der das Recht achtet: »Da uns der Gesetzesübertreter als ungerecht und der Beobachter des Gesetzes als gerecht galt, so ist offenbar alles Gesetzliche in einem bestimmten Sinne gerecht und Recht.« (1129b 12 f.)

Von Cicero bis Kant

Bei den Rechtsphilosophen in der Spätantike und im Mittelalter sieht die Sache so aus: Für Cicero bleibt ein Unrecht, das begangen wurde, ein Unrecht, selbst wenn »kein geschriebenes Gesetz vorliegt, das dieses verbietet, [...] da dieses mittels Vernunft als Unrecht erkannt werden kann. Durch die Natur, d. h. Vernunft, kann der Mensch zwischen Gut und Böse, zwischen Recht und Unrecht differenzieren.« (Ceming 2010, 32) Bei Cicero also sind Recht und Moral getrennt. Bei Augustinus hat im Falle des Konflikts zwischen staatlichem Recht und religiös begründeter Moral Letztere den Vorrang und man hat ein Gehorsamsverweigerungsrecht gegenüber dem staatlichen Recht. »Die unmittelbare geschichtliche Relevanz dieser Trennung von Recht und Moral ging freilich alsbald wieder verloren, nachdem die christliche Religion im römischen Staat in Gestalt einer Staatskirche institutionell verankert war.« (Ilting 1972, 263) Darum konnte für Thomas von Aquin das positive Recht nichts anderes als eine Interpretation des Naturrechts sein, »da das Naturrecht keine konkreten Handlungsanweisungen liefert« (Ceming 2010, 36). Recht und Moral bildeten auf diese Weise eine Einheit. Erst in der Neuzeit kommt es wieder zur Trennung von Recht und Moral, beginnend mit Christian Thomasius (1655–1728) und dann insbesondere bei Immanuel Kant (1724–1804). (Vgl. Wesel 1997, 46) So sehen es andere Autoren ebenfalls: »Erhebliche Bedeutung für die weitere Entwicklung des Verhältnisses ›Recht/Gerechtigkeit‹ hat die bei Christian Thomasius erstmals entwickelte Trennung von ›Recht‹ und ›Moral‹ gewonnen.« (Loos/Schreiber 1972, 268) Ebenso entsprang bei ihm das kodifizierte Recht nicht mehr aus dem Naturrecht, da diesem die nötigende Kraft fehle, die die Rechtsnormen haben müssen. (Vgl. Ilting 1972, 294) Das ist im Übrigen ein von allen Rechtsphilosophen unterschiedlichster Richtungen unbestrittenes Merkmal des Rechts: dass es mit Zwangsgewalt ausgestattet ist. Dies ist ja eines der anfangs genannten Merkmale, die das Recht von der Moral unterscheiden: »Unter ›Recht‹ wird das in einem sozialen System tatsächlich geltende Regelsystem verstanden, dessen Normen gegebenenfalls auch zwangsweise in einem geregelten Verfahren durchgesetzt werden können. Durch diesen Zwangscharakter unterscheidet sich das Recht von anderen Ordnungen des sozialen Zusammenlebens wie Brauch, Sitte, Konvention und Moral.« (Loos/Schreiber 1972, 231)

Hugo Grotius

Innerhalb des Naturrechts der Neuzeit wurde die Einheit von Recht und Moral jedoch noch angenommen. Es ist die von seinen Anwälten vertretene Auffassung, dass die Natur die Repräsentanz des Richtigen und damit Verbindlichen ist, aus der das Recht geschöpft und eventuell korrigiert werden kann. Bei dem Naturrechtler Hugo Grotius (1583–1645) gibt es noch klare Anzeichen dafür, dass für ihn Recht und Moral nicht zwei verschiedene Gebiete sind, denn er spricht davon, dass natürliches Recht einerseits moralisch hässlich oder andererseits moralisch notwendig sein könne. (Vgl. Grotius 1950, I, 1, X, § 1, S. 50) Die Moral ist bei Grotius also der Maßstab für gutes und schlechtes Recht. – Die Individualmoral findet sich bei ihm in Individualrechten wieder: Die Rechtssubjekte werden als Gleiche angesehen. (Vgl. Grotius 1950, Vorrede, § 14, S. 34) Weiterhin gibt es in seinem Naturrecht grundlegende Rechte, etwa das, dass Eigentum von jedem Einzelnen verteidigt werden dürfe. (Vgl. Grotius 1950, II, 1, XI, S. 141) Und: Verträge müssen eingehalten werden: »Es entspricht dem Recht der Natur, Verträge zu halten.« (Grotius 1950, Vorrede, § 15, S. 34) Überdies hat das Naturrecht bei Grotius, ebenso wie bei Ernst Bloch, die Aufgabe, das positive Recht zu korrigieren. »Es habe die Funktion, das positive Recht zu leiten und zu ergänzen, aber auch zu kritisieren und zu begrenzen, so groß die historische oder religiöse Autorität eines positiven Gesetzes auch sein möge.« (Wolf 1963, 256)

Die korrigierende Funktion des Naturrechts stellt Ernst Bloch (1885–1977) ins Zentrum. Er ist ein sehr viel später lebender Philosoph als Grotius und vielleicht einer der letzten Naturrechtler überhaupt. Diese Korrektivfunktion sei keineswegs ein »abstraktes Besserwissenwollen« (Bloch 1961, 213). Das sei das Naturrecht in seiner Geschichte nie gewesen. Im positiven Recht gelte die bestehende Gesetzesordnung als primär, im klassischen Naturrecht hingegen werden die politischen Grundrechte, die Bloch mit den Menschenrechten gleichsetzt, als primär und die objektive Rechtsordnung als sekundär angesehen. (Vgl. Bloch 1961, 228) Damit seien die Grundrechte der Maßstab, an dem sich die objektive Rechtsordnung auszurichten habe, denn das Naturrecht sei die »Antizipation eines Besseren, als es das bisher Gewordene ist« (Bloch 1961, 237). Das ist für Bloch nur im Zusammenhang mit Sozialutopien zu denken, mit der Emanzipation der Gesellschaft, denn Recht kann nicht in der Luft hängen, sondern reguliert die staatliche oder gesellschaftliche Ordnung. Woran aber sollte sich das positive Recht orientieren? Die Antwort ist: Am Naturrecht, das auf die Herstellung der menschlichen Würde und der Gerechtigkeit ziele. (Vgl. Bloch 1961, 13 und 229)

Zunächst zur Herstellung menschlicher Würde: »Als letzte Quintessenz des klassischen Naturrechts, ohne das andere Beiwerk, bleibt allemal das Postulat menschlicher Würde. [...] Daher als eigenes Erbe am revolutionär gewesenen Naturrecht: Aufhebung aller Verhältnisse, in denen der Mensch mit den Dingen zur Ware entfremdet ist und nicht nur zur Ware, sondern zur Nullität an Eigenwert.« (Bloch 1961, 232)

Nun zur Gerechtigkeit: Bloch denkt nicht an eine patriarchal geschenkte Verteilungsgerechtigkeit nach der Formel »Suum cuique«, die »den Hausvater, den Landesvater voraus[setzt], der jedem seine Portion Strafe oder Anteil an sozialen Gütern

(Einkommen, Stellung) von oben herab auf den Teller legt« (Bloch 1961, 228). Bloch hat in Abgrenzung zu antiken, mittelalterlichen und frühneuzeitlichen Gerechtigkeitskonzeptionen, die »keinerlei Bewegung von unten her« enthalten (Bloch 1961, 51), die erkämpfte Gerechtigkeit von unten im Blick, denn es sei nicht so, dass der Mensch frei und gleich geboren sei. Er habe keine angeborenen Rechte. Rechte müssten im Kampf erworben werden. (Vgl. Bloch 1961, 215) Die »wirkliche Gerechtigkeit als eine von unten richtet sich gegen die vergeltende und austeilende selber, gegen die wesenhafte Ungerechtigkeit, die überhaupt den Anspruch erhebt, Gerechtigkeit zu üben« (Bloch 1961, 229).

Fasst man zusammen, was Bloch unter »Naturrecht« versteht, das für ihn Maßstab und Korrektiv für die Regeln des positiven Rechts bildet, so sind es für ihn die zentralen Gehalte der Menschenwürde und der Gerechtigkeit. An ihnen müssen sich Rechtsnormen immer messen lassen. Wie begründet Bloch, dass diese beiden Werte Maßstab für das Recht sind oder sein sollten? Er begründet es aus der Historie und sagt, dass es seit Spartakus etwas Bleibendes am Recht gebe: die Einforderung der Menschenwürde. Auch die Gerechtigkeit zählt Bloch – in veränderten Formen zwar – zu den »haltbarsten und wichtigsten Bestimmungen des Naturrechts« (Bloch 1961, 227). So ergibt sich für ihn die Evidenz des Naturrechts als Maßstab des positiven Rechts aus der Geschichte: Je länger etwas gelte, desto evidenter sei es. Das ist eine Begründung, die durchaus kritikwürdig ist, denn man könnte hier von der normativen Kraft des Faktischen sprechen, die so formuliert wird: Was immer schon gilt, ist richtig. Das aber ist ein naturalistischer Fehlschluss oder noch treffender ein »historistischer Fehlschluss«, wie Herbert Schnädelbach das nennt. (Schnädelbach 2012, 157)

Kehren wir aber zurück in die Neuzeit. Hobbes (1588–1679) identifiziert Naturrecht mit Moral. Die moralischen Grundlagen des Naturrechts sind für ihn dieselben wie für Grotius, und es sind die, die Hobbes für die Konstitution seiner Vertragstheorie braucht: das wechselseitige Vertrauen und die Bereitschaft, in rechtlichen Verhältnissen friedlich zusammenzuleben. (Vgl. Ilting 1972, 282 f.) Mit dem Einsetzen des Individualisierungsprozesses im 15. Jahrhundert stellte sich dringlicher denn je die Frage nach der Möglichkeit des Zusammenlebens von Individuen in der staatlichen Gemeinschaft. Da war die hobbessche Vertragstheorie eine maßgebliche Antwort. Das Gemeinwesen beruht nach Hobbes' Ansicht »auf dem Vertrage eines jeden mit einem jeden« (Hobbes 1651/1974, 155).

Ein einschneidendes Datum für den zu jener Zeit einsetzenden Individualisierungsprozess ist der Buchdruck im Jahre 1440. Erst mit diesem Datum war der Autor eines Buches unzweifelhaft zu identifizieren. Bis dahin war ein Buch oft ein Gemeinschaftswerk und musste es sein, weil beim handschriftlichen Kopieren der Bücher in Klöstern mancher Kopist hinzusetzte oder wegließ, was ihm sinnvoll oder überflüssig erschien. Das machte es schwer, den ursprünglichen Verfasser zu bestimmen. Ein bemerkenswertes Dokument, das den beginnenden Individualisierungsprozess in zweierlei Hinsicht gut belegt, ist die *Nachfolge Christi* von Thomas von Kempen (1380–1471). Der erste Beleg ist ein äußerer, der durch die Umstände der Publikation dieses Buches gegeben ist: Die heute vorliegende Fassung wurde von Thomas a Kempis 1441, also ein Jahr nach der Erfindung des Buchdrucks, vollendet. Doch bis dahin gab es schon mehrere handschriftlich kopierte Fassungen. »Schon um 1500 waren die Gelehrten [aus den genannten Gründen] darüber uneins, wer das Werk verfasst habe.« (Kranz 2012, 23) Der zweite Beleg für den beginnenden Individualisierungsprozess ist der Inhalt des Buches: Er widmet sich dem Individuum und steht damit im Kontrast »zu dem in den mittelalterlichen Jahrhunderten überstark betonten Gemeinschaftsgedanken« (Kranz 2012, 31). Thomas von Kempen nahm den Individualismus »bereits im Ansatz vorweg« (Kranz 2012, 31).

Weitere Indizien für den einsetzenden Individualisierungsprozess sind die ersten Selbstporträts nördlich der Alpen. Sie entstehen ebenfalls im 15. Jahrhundert, namentlich das erste aus einer Reihe weiterer von Albrecht Dürer aus dem Jahre 1484. Bis dahin war nicht immer klar, welcher Künstler ein Werk geschaffen hatte. So bekommt man bei einer Führung im Naumburger Dom zu den berühmten Stifterfiguren aus dem 13. Jahrhundert, wie der Uta, zu hören, dass sie aus der Werkstatt der Meister von Reims stammten, die den Höhepunkt ihres Schaffens im Mainzer Dom hatten und Schöpfer der Stifterfiguren im Naumburger Dom seien.

Die Religion reagierte ebenfalls: Durch die Reformation gewann das christliche Individuum Vorrang vor der Gemeinde. Die katholische Gemeinschaftsreligion war bei dieser sozialen Entwicklung nicht mehr unbedingt zeitgemäß. Insofern war die Reformation eine soziale Notwendigkeit; man könnte sogar sagen: Wenn es Luther nicht gewesen wäre, hätte es ein anderer machen müssen. Die Subjektivierung durch den Protestantismus nennt Herbert Schnädelbach »Aufklärung im inneren Bereich der Religion« (Schnädelbach 2006, 336). Auf den Kontrast zur katholischen Gemeinschaftsreligion ging Ludwig Feuerbach 1830 in seinen *Gedanken über Tod und Unsterblichkeit* ein, wenn er feststellte: Im Protestantismus trat die Person in den Mittelpunkt, wohingegen die katholische Kirche das gemeinschaftliche Sein war, in der der Mensch noch nicht auf sich gestellt war, sondern in der Gemeinschaft der Gläubigen stand und dort höchsten Genuss fand. (Vgl. Feuerbach 1960, 4 ff.)

Für andere übrigens, wie für den Trierer Soziologen Alois Hahn, setzte der Individualisierungsprozess sogar schon frü-

her ein, mit der Einführung der Ohrenbeichte durch das vierte Laterankonzil von 1215. (Vgl. Hahn 2000, 201 f.) Die Ohrenbeichte ist das individuelle Schuldbekenntnis vor Gott. Vor ihrer Einführung bekannte die Gemeinde als Ganzes ihre Schuld vor Gott. Zeitliche Differenzen bei der Datierung der Individualisierung sind allerdings nicht verwunderlich, denn diese war ein stetiger, über die Jahrhunderte andauernder Prozess.
Wenn die Menschen Individuen werden, lösen sie sich von den sicheren Handlungsregeln und -orientierungen, die sie durch ihre Standeszugehörigkeit hatten. Der Stand, der Clan, die Familientradition und die religiöse Gemeinschaft, so wie sie noch in der Antike und im Mittelalter Bestand hatten – erinnern wir uns an die von Platon genannten Stände der Polis –, verpflichteten die Menschen zur Orientierung an den inneren Regeln der jeweiligen Gemeinschaft oder des Standes, zum Beispiel des Adels. Im 11. Gesang der *Ilias*, Vers 401 ff. scheint Odysseus aus unserer heutigen Sicht vor die Wahl gestellt zu sein, im Kampf standzuhalten oder zu fliehen. Doch als Angehöriger des adligen Standes hatte er keine Wahl, er konnte nur standhalten. (Vgl. Müller 1977, 263) Noch heute wird die Aussage »Adel verpflichtet« kolportiert und ist sogar zu einem Filmtitel avanciert. Jemand, der sich seinerzeit außerhalb der Gemeinschaft stellte und sich als Individuum gerierte, wurde »idiótes« (Einzelner) genannt. »Ein Leben als Einzelner (idiótes) war praktisch kaum möglich, schwierig und unvorteilhaft.« (Luhmann 2000, 8) Das galt auch noch für die mittelalterlichen christlichen Gemeinschaften und Familien. Sobald die Menschen sich davon lösen und sich zu Individuen entwickeln, entsteht Orientierungsunsicherheit. Die Menschen schaffen neue, größere Gemeinschaften, die Gesellschaft und den Staat. Und auch hier entstehen Unsicherheiten darüber, ob das alles richtig ist, was die Menschen da gemacht haben. Die Natur und das Naturrecht schlüpfen dann in die Rolle von Garanten. Sie kann man nach der Richtigkeit des neu Geschaffe-

nen fragen. Das ist sicher nur eine, doch plausible Erklärung für die neu aufkommende Blüte des Naturrechts in der Neuzeit.
Doch schon bei Thomasius und dann erst recht in der kantischen Konzeption war die noch bei Hobbes bestehende Identifizierung des Naturrechts mit der Moral gänzlich undenkbar, denn bei Kant sollte die Moral die Menschen aus ihrer Naturabhängigkeit befreien. Der Mensch kann sich mittels der Vernunft von den Naturzwängen lösen. Er gibt sich die Gesetze seines Handelns in Form von Prinzipien und Handlungsmaximen auf der Basis des kategorischen Imperativs selbst und lässt sie sich nicht von der Natur vorgeben. Die selbst gegebenen Gesetze gelten dann allerdings so verbindlich wie Naturgesetze, doch es sind eben keine Naturgesetze. Das Recht als Regelsystem des Sozialen kann aus diesem Grunde nicht vom Naturrecht abhängig sein, ebenso wenig die Moral, die bei Kant vernunftbasiert ist.

Georg Wilhelm Friedrich Hegel

Auch Hegel (1770–1831) war aufgrund der sozialen Entwicklung gezwungen, auf die Frage, wie sich Individuen zu einer Gesellschaft und dann zu einem Staat verbinden, zu antworten. Er beginnt die Beschreibung der Entwicklung in der *Jenaer Realphilosophie* mit der Analyse des sozialen Verhältnisses zweier Individuen in der Gegenwartsgesellschaft und schreibt: »Jedes ist darin dem Andern gleich, worin es sich ihm entgegengesetzt [hat]. Sein Sichunterscheiden vom Andern ist daher sein Sichgleichsetzen mit ihm.« (Hegel 1805–06/1974, 222) Die Menschen sind sich in ihrer Verschiedenheit gleich. Es besteht zwischen ihnen also Gleichheit in der Verschiedenheit. Die grundlegende Verschiedenheit zweier Individuen, in der sie sich gleich sind, wird von Hegel zunächst konstatiert. Insofern geht Marx' Kritik fehl, dass Hegel in seiner Rechtsphilosophie nicht von den realen Menschen ausgehe. (Vgl. MEW 1, 231) Allerdings konnte Marx die hegelsche *Jenaer Realphilosophie* nicht kennen.

Die grundlegende Gleichheit in der Verschiedenheit ist der Zustand, in dem sich die Menschen seit dem Einsetzen des Individualisierungsprozesses befinden. Dieser Zustand ist die Realität, die Hegel vorfindet und an die er anknüpft. Und darin sieht er zutreffend die Gleichheit aller Menschen untereinander, »denn Jedes weiß unmittelbar sich im Andern und die Bewegung ist nur die Verkehrung, wodurch Jedes erfährt, daß das Andre sich ebenso in seinem Andern weiß« (Hegel 1805–6/1974, 223). Hegel stellt hier fest, dass die wechselseitige Anerkennung eine Notwendigkeit jeder zwischenmenschlichen Beziehung in der individualisierten staatlichen Gemeinschaft ist. In einer späteren Formulierung in der *Enzyklopädie* von 1830 heißt es, dass das Anerkanntsein »gegenseitig« sei. (Hegel 1969 ff., Bd. 10, 307 = § 490) Die Anerkennung, die Kern jeder moralischen Norm ist, ist existent und muss nicht erst als Sollensnorm formuliert werden. Diese wechselseitige Anerkennung und mit ihr die moralischen und rechtlichen Regeln basieren für Hegel auf der Sittlichkeit.[5]

Aber was ist Sittlichkeit für Hegel? Um das für uns heute verständlich machen zu können, ziehe ich Habermas' Erläuterung dessen heran, was für ihn eine »entgegenkommende Lebensform« ist, die an eine auf die Gegenwart bezogene Interpretation der hegelschen »Sittlichkeit« erinnert. Habermas formuliert, dass die moralischen Regeln auf entgegenkommende Lebensformen angewiesen seien. (Vgl. Habermas 1991, 25) Man könnte alltagssprachlich formulieren: Moralische und rechtliche Normen müssen auf fruchtbaren Boden fallen. Auch bei Hegel ist der Boden für moralische und rechtliche Regeln durch die Sittlichkeit lediglich geebnet. Sie stellt keineswegs selbst die *unmittelbare* moralische oder rechtliche Normativität dar. Nur auf der Grundlage schon bestehender eingelebter Selbstverständlichkeiten der Sittlichkeit können moralische und rechtliche Normen ihre Kraft entfalten.

Das ist zugleich Hegels Kritik an jeder Sollensethik, insbesondere der kantischen, die moralische Verhaltensnormen glaubt an die Gesellschaftsmitglieder herantragen zu sollen: »Moralität ist nach Kant die Unterjochung des Einzelnen unter das Allgemeine«, schreibt Hegel in seiner Schrift *Der Geist des Christentums und sein Schicksal*, die zwischen 1798 und 1800 entstanden ist. (Hegel 1969 ff., Bd. 1, 299)
Es gibt bestimmte Ausprägungen dieser von Hegel gemeinten Sittlichkeit. Das sind Moral und Recht. Sie entspringen der Sittlichkeit und bilden sonach eine Einheit. Konkrete Formen des Rechts sind dann etwa Eigentum oder Vertrag. An diesen Beispielen soll gezeigt werden, was Hegel als Selbstverständlichkeit der Sittlichkeit bezeichnet. Vom Eigentum sagt Hegel, dass es nicht weiter begründet oder abgeleitet werden muss, weil er es als existierend ansieht: »Was als mein bezeichnet ist, hat der Andre nicht zu verletzen.« (Hegel 1805-06/1974, 228) Wolfgang Kerstings Interpretation dieser Stelle muss man zustimmen: »Das Eigentum eines anderen ist das Eigentum eines anderen, mehr muß dazu nicht gesagt werden.« (Kersting 2010, 179) Aber nichts, so Hegel, gehört einem »durch unmittelbares Nehmen«, nötig ist vielmehr ein Vertrag, und das heißt, dass »dies unmittelbare Besitznehmen nicht stattfindet, daß nicht an sich ausgeschlossen wird, sondern *anerkannt*« (Hegel 1805-06/1974, 229, Hervorhebung nicht im Original). Der Vertrag ist eine spezifische Form des Rechts und eine Selbstverständlichkeit. »Der Vertrag ist an und für sich *gültig*«, heißt es in der *Enzyklopädie*. (Hegel 1969 ff., Bd. 10, 308 = § 493) Deshalb kann man auch über den Vertrag ebenso wie über das Eigentum nur in tautologischer Form Aussagen machen: »Versprochen ist versprochen, das Eigentum des anderen ist das, was mir nicht gehört.« (Kersting 2010, 180) Um diese selbstverständlichen Selbstverständlichkeiten für das reibungslose Zusammenleben zu erhalten, muss es Anerkennung als Basis für Rechtsinstitutionen wie Eigentum und Vertrag bereits geben: »Das Anerkennen ist also das Erste, was werden muß.« (Hegel

1805–06/1974, 229) Die Anerkennung aber ist nach Hegel bereits als gegeben anzusehen, weil sonst das Zusammenleben in der individualisierten staatlichen Gemeinschaft längst gescheitert wäre. Darum kann Hegel unumwunden und mit Bestimmtheit sagen: »Das Anerkanntsein ist unmittelbare Wirklichkeit.« (Hegel 1805–06/1974, 234) Das nun ist die Konsequenz aus Hegels Kantkritik: Das Anerkennen muss also nicht erst als Sollensforderung an die Menschen herangetragen werden; es liegt in einer individualisierten Gesellschaft bereits als Grundform des menschlichen Zusammenlebens vor.

»Stoßen die bislang in Geltung stehenden Normen auf Anerkennungsverweigerung, dann verlieren sie die Unauffälligkeit und treten mit ausdrücklichem Gehorsamsanspruch der unbotmäßigen Wirklichkeit gegenüber.« (Kersting 2010, 169) Um bei solchen Verstößen gegen das Gesetz den nicht störanfälligen Zustand wiederherzustellen, gibt es die Strafe: »Die Strafe ist die Versöhnung des Gesetzes mit sich selbst«, sagt Hegel. (Hegel 1805–06/1974, 275) Der Verbrecher meint sein eigenes individuelles Handlungsgesetz zu haben und auf dieser Basis seinen privaten Willen durchsetzen zu können. Ein solches individuelles Gesetz ist für den Verbrecher die Grundlage für sein Handeln. Durch die Strafe wird der individuelle Wille gebrochen, das individuelle Gesetz aufgehoben und der individuelle Wille mit dem allgemeinen Willen versöhnt und so die allgemeine Rechtsordnung wiederhergestellt. Das Gesetz bzw. das Recht ist im Staat realisiert und in ihm haben die Institutionen und Organisationen ihre Funktion bei der Erhaltung des allgemeinen Willens, zum Beispiel die Polizei: »Es sorgt jeder nur für sich, nicht für das Allgemeine; das ruhige Ausüben seines Eigentumsrechts und freie Disposition über sein Eigentum ist der mögliche Schaden für Andre. [Die Polizei sorgt für] Beschränkung hiervon, Verhütung von Schaden, auch davon, daß bloß nach Vertrauen verfahren wird.« (Hegel 1805–06/1974, 276)

Man sieht hier, dass Hegel den modernen Staat, in dem wir

leben, beschrieben hat. Der moderne Staat beherbergt lauter Individuen, die in einer völlig anderen Weise zusammengehalten werden müssen als in den vorhergehenden Gemeinschaften, wie Clan, Stand oder Familie. Trotz Bewahrung der Individualität muss es ein sie beherbergendes Gemeinwesen geben, das stabil gehalten werden muss. Aber wie kann das geschehen? Das sagt uns Hegel in der Anmerkung zu § 150 seiner *Grundlinien der Philosophie des Rechts*: »Was der Mensch tun müsse, welches die Pflichten sind, die er zu erfüllen hat, um tugendhaft zu sein, ist in einem sittlichen Gemeinwesen leicht zu sagen, – es ist nichts anderes von ihm zu tun, als was ihm in seinen Verhältnissen vorgezeichnet, ausgesprochen und bekannt ist.« (Hegel 1969 ff., Bd. 7, 298) Wird eine staatliche Gemeinschaft in dieser Weise in Harmonie gebracht und gehalten, haben wir unsere Gegenwartsgesellschaft vor Augen.

Hegel trifft mit seiner Theorie viel besser als andere Theorien den Zustand, in dem sich die Gesellschaft seit dem Individualisierungsbeginn befindet. Darum ist sein Lösungsvorschlag, die individualisierten Menschen mit ihrer Gemeinschaft zu verbinden, nach meiner Auffassung viel plausibler als die Lösungen seiner Vorgänger. Bei Hobbes beispielsweise gibt der einzelne Mensch seine Macht und Freiheit an den Souverän ab, in Lockes Theorie ist es die Gesellschaft, mit der sich der Einzelne gänzlich identifiziert. Die Macht und die Freiheit werden nicht wie bei Hobbes an einen einzelnen anderen Menschen abgegeben, sondern an die Gesellschaft, mit der sich der Einzelne identifiziert. Bei Rousseau garantiert der Gemeinwille, der fast nur noch psychologisch zu verstehen ist, die Freiheit des Einzelnen. Kant spricht von einem selbst gegebenen Gesetz, das die einzelnen Menschen miteinander verbindet. Weil wir es uns selbst gegeben haben, identifizieren wir uns damit. Wir haben darum die Pflicht, nach diesem Gesetz zu handeln. Weil wir uns das Gesetz selbst gegeben haben, haben wir Achtung vor dem Gesetz. Würden wir nicht nach ihm handeln, würden wir die Achtung vor uns selbst verlieren. So sind die Konstruktionen innerhalb der Philosophie bis zu Hegel, die kontinuierlich zu einer immer stärkeren Bindung des Einzelnen an seine Gemeinschaft führen sollen.

Wie gesehen, bilden Recht und Moral bei Hegel eine Einheit. Sie gedeihen beide auf dem Boden der Sittlichkeit. Die Frage ist, ob wir Hegels Rechtsphilosophie als eine naturrechtliche Konzeption bezeichnen müssen. Auf diese Frage antwortet er im § 3 seiner *Grundlinien der Philosophie des Rechts*: »Daß das Naturrecht oder das philosophische Recht vom positiven verschieden ist, dies darein zu verkehren, daß sie einander entgegengesetzt und widerstreitend sind, wäre ein großes Mißverständnis.« (Hegel 1969 ff., Bd. 7, 35) Hegel nimmt seinen Ausgang von dem vorliegenden staatlichen Recht, seinen Institutionen und Organisationen, von dem also, was tatsächlich ist. Das Recht, so muss man interpretieren, ist für Hegel das positive Recht, in das die Grundsätze des Naturrechts eingegangen sind – sie leben dort weiter. Darum spricht er von einem großen Missverständnis, wenn man Naturrecht und positives bzw. kodifiziertes Recht entgegensetzen will.

Carl Gottlieb Svarez

Eine Wandlung des Naturrechtsgedankens fand im 18. Jahrhundert statt. Was hatte sich geändert? »An die Stelle umfassender Lehrsysteme, welche noch den Anspruch erhoben, philosophisch zu sein, und deren Aufgabe noch eine vielfach transjuristische, nämlich die Abgrenzung der natürlichen Sitten- und Rechtslehre von der Moraltheologie war, trat etwas Neues. Das war die naturrechtliche Durchdringung der einzelnen Rechtsgebiete und damit eine noch stärkere ›Juridifizierung‹ des Naturrechts.« (Wolf 1963, 426) Das bedeutet, dass die Gerechtigkeit oder Moral als dem Recht inhärent angesehen wurde bzw. dass bei der Rechtssetzung der Gerechtigkeitsgedanke, mithin der moralische Gesichtspunkt, Berücksichtigung finden sollte. Maßgebend für eine solche Sichtweise war der Jurist Carl Gottlieb Svarez (1746–1798). Er kann als der eigentliche Schöpfer des preußischen Landrechts gelten, das er gegen vielfache Widerstände, zunächst auch gegen die von Friedrich Wilhelm II., durchsetzte. Es trat am 1. Juni 1794 in Kraft. Darin festgehalten sind unveräußerliche natürliche Rechte der einzelnen Staatsbürger, wie Gedanken-, Gewissens-, Bewegungs- und Handlungsfreiheit, sowie die Möglichkeit, Eigentum zu erwerben und zu übertragen. Außerdem finden sich dort das Gebot der Religionsfreiheit und die Freiheit der Kritik an öffentlichen Einrichtungen und überlieferten Rechtszuständen. Auf diese Weise bildete das Naturrecht die Grundlage der Gesetzgebung. Svarez sah das so zustande gekommene Recht als ein Mittel zur Beförderung der Gerechtigkeit an. (Vgl. Wolf 1963, 450 f.) Man kann darin eine Wechselwirkung sehen: Einerseits gibt es den Einfluss des naturrechtlichen Gedankens auf die Rechtssetzung, andererseits sollte das Recht die Realisierung der Gerechtigkeit befördern.

Insbesondere muss hier – da es uns noch beschäftigen wird – der Einfluss des Naturrechts auf die Prozessordnung erwähnt werden. 1780 veröffentliche Svarez den Entwurf einer Prozessordnung, die dazu beitragen sollte, dass die aus dem Inquisitionsprozess stammenden Verfahren beseitigt würden.

> »Die Hauptursache der Verschleppung oder Komplizierung zahlreicher Prozesse sah Svarez, wie Carmer[6], in der Gepflogenheit, den Advokaten die Gestaltung des Streitstoffs durch wechselseitige Zuschiebung von Beweislasten zu überlassen. Um diesen Mißstand zu beseitigen, sollte die Offizialmaxime eingeführt, der Advokat zum Richtergehilfen gemacht und der Richter zum eigentlichen Beweisführer werden. Damit ihm seine Aufgabe nicht allzu schwer würde, führte die neue Prozeßordnung die Wahrheitspflicht der Parteien und die gerichtliche

> Zeugenvernehmung in das Verfahren ein. Endlich wurde im Interesse der wirtschaftlich Schwächeren auch das Kostenwesen neu geregelt; vor allem sollten die vielen herkömmlichen Sporteln[7] und schwankenden Vorschüsse in wenige gesetzliche Gebühren und feste Kostenrechnungen umgewandelt werden.« (Wolf 1963, 442)

Allein an diesen wenigen hier aufgeführten Gesichtspunkten ist zu erkennen, dass für Svarez das Verfahrensrecht dazu beitragen sollte, die Gerechtigkeit im Recht zu realisieren.

Rechtspositivismus

Mit den höchst unterschiedlichen Lesarten und Inhaltsbestimmungen, die das Naturrecht historisch erfahren hatte, wollten die Rechtspositivisten Schluss machen. Das sollte dadurch erreicht werden, dass sie sich im Gegensatz zu den Naturrechtlern jeder Wertung enthielten. Die Beschreibung des existierenden Rechts und die Bewertung des Rechts sollten strikt getrennt werden. »Positivismus« bedeutet hier keine »positive« Bewertung des Rechts, gemeint ist vielmehr Folgendes: Die Forschungen der Rechtspositivisten beziehen sich auf die tatsächlich vorliegende Rechtsordnung, auf empirisch feststellbare Rechtssätze, Rechtsgrundsätze und auf Richterrecht. (Vgl. zu Letzterem § 6 bei Vogel 1998, 83 ff., 99 und 107) »Positivismus im 19. Jh. bezeichnet die allgemeine Überzeugung, daß die gegebenen, die positiven Tatsachen die Quelle der menschlichen Erkenntnis sind.« (Korte 2000, 64) Die »Übertragung des naturwissenschaftlichen Wissenschaftsverständnisses auf Recht und Jurisprudenz schließt jeden wissenschaftlichen Rekurs auf überpositive Normen ebenso aus wie den Wissenschaftsanspruch rechtsdogmatischer Beschäftigung mit den historisch allemal zufälligen, von Politik, Moral, Ökonomie oder Theologie bestimmten Inhalten der jeweils wirksamen Rechtsnormen, sofern sie über deren bloße Beschreibung hinausgeht. Als Hauptgegenstände einer streng rechtswissenschaftlichen Analyse und Deskription bleiben mithin nur die formale Struktur der Rechtssätze und deren funktioneller Zusammenhang.« (Hofmann 2000, 14)

Darum nun genauer zu einer Problemlage, die zum besseren Verständnis des Gegenstandes rechtspositivistischer Forschung beitragen soll: In der Literatur wird auf das sogenannte Algerienproblem des demokratischen Rechtspositivismus hingewiesen. (Vgl. Wingert 2000, 5) Diese Bezeichnung rekurriert auf die algerische Heilsfront »Front Islamique du Salut«, abgekürzt FIS. Die FIS wollte mit legalen, gewaltfreien und demokratischen Mitteln die Wahlen zum algerischen Parlament gewinnen, und zwar mit dem erklärten Ziel, die Demokratie in Algerien abzuschaffen. Man kann diese Entscheidung, die Demokratie nach einer gewonnenen demokratischen Wahl abzuschaffen, für illegal und illegitim[8] halten. Warum aber kann man als Rechtspositivist die Entscheidung einer demokratisch korrekt zustande gekommenen Mehrheit überhaupt ungesetzlich nennen? Wohl nur deshalb, weil man davon ausgeht, dass es doch mehr als ein formelles Verfahren ist, was das Rechtssystem als ein gerechtes qualifiziert. Muss es deshalb bei einem im demokratischen Verfahren zustande gekommenen Recht dennoch eine Bezugnahme auf überpositive Normen geben? Muss es doch eine naturrechtlich begründete Gerechtigkeitsidee geben? Man braucht – hat man als Rechtspositivist zu entgegnen – nicht »tiefer« nach einer Gerechtigkeitsidee zu suchen, um einen Beurteilungsmaßstab dafür zu finden, dass man die Handlung der FIS für illegitim hält. Der Maßstab ist nach wie vor das korrekte Verfahren. Wenn dieses Verfahren von der FIS außer Kraft gesetzt wird, ist deren Vorgehensweise illegitim und illegal zugleich. Die Verfahrensregeln sind der Maßstab. Dass die strikte Einhaltung der Verfahrensregeln für die Rechtspositivisten die Realisierung der Gerechtigkeit im Recht ist, wird später im Einzelnen ausgeführt werden.

Will man eine einigermaßen treffende und knappe Beschreibung, so muss man sagen, dass das Recht für den Rechtspositivisten »zu irgendeiner Zeit gesetzt und zu jeder Zeit änderbar« ist. (Lahusen 2011, 25) Darum ist der Positivismus »der dauerhafte Sieg der Vorläufigkeit« (Lahusen 2011, 73).Was aber die Änderbarkeit betrifft, sind ihr in der Sache liegende Grenzen gesetzt: Die »Unübersichtlichkeit des Rechts selbst [sorgt] für Sicherheit. Zwar kann in einer positivierten Rechtsordnung alles Recht mittels einer einfachen Entscheidung geändert werden, aber nie alles auf einmal.« (Lahusen 2011, 69)

> »Die Theorie des positiven Rechts ist der Rechtspositivismus. Historisch gesehen, ist er eine späte Erscheinung. Er konnte erst entstehen, als Auseinandersetzungen mit der Geltungsfrage entbehrlich geworden waren: Positivismus heißt, Geltung vorauszusetzen. Unter der Herrschaft des Naturrechts war das nicht möglich. [...] Als die Positivierung des Rechts in Gang kam, war die Autorität von Gott, Natur und sonstigen Ur- und Anfangsmythen bereits so weit geschwächt, daß philosophische oder religiöse Substanzen als Rekursziel für Geltungsbegründungen nicht mehr zur Verfügung standen. [...] Jeder unmittelbar religiöse, ethische, metaphysische, politische oder sonst ideologische Einfluß auf die Geltung des Rechts hätte dessen Anliegen, die Ausübung der Freiheit Sache des Individuums sein zu lassen, von vornherein zunichte gemacht und war deshalb zu unterbinden.« (Lahusen 2011, 25, 53)

Dieses Anliegen bestand dann allerdings insbesondere seit dem beschriebenen Beginn des Individualisierungsprozesses in der Mitte des 15. Jahrhunderts.

Nun zur geschichtlichen Entwicklung des Rechtspositivismus: John Austin (1790–1859), der gemeinhin als Begründer des Rechtspositivismus gilt – man achte auf seine Lebensdaten –, ging in seiner Imperativtheorie davon aus, dass jede

Rechtsnorm ein Befehl sei. »Diese Vorstellung ist offensichtlich dem rechtlichen Erfahrungshorizont der vorkonstitutionellen Monarchie verhaftet, und sie liefert schwerlich ein angemessenes Bild des modernen Rechts.« (Koller 1988, 137) Noch geprägt durch diese Erfahrungen, war Austin der Auffassung, dass die Gesamtheit der Befehle vom Souverän stamme und diese Gesamtheit in ihrer Struktur und in ihrem Zusammenhang erfasst werden müsse. Für die Zeit nach dem Absolutismus konnte diese simple Theorie Austins keine Anwendung mehr finden. Das moderne Rechtssystem ist komplexer und darum schwieriger zu erfassen. H. L. A. Hart (1907–1992) knüpfte unmittelbar kritisch an Austin an (vgl. Hart 1994, 16) und zeigte, dass Recht in seiner Begründung und in seiner Anerkennungsweise heute anders behandelt werden muss als im Absolutismus. Und Hans Kelsen (1881–1973) hat »mit dazu beigetragen, das positive Recht als eine einheitliche Ordnung sozialer Normen und nicht bloß als ein Gefüge faktisch gegebener Machtverhältnisse und Verhaltensregelmäßigkeiten zu verstehen« (Koller 1988, 135).

Hans Kelsen

Weit vor Hans Kelsen widmete sich Friedrich Carl von Savigny (1779–1861) ebenfalls dem vorliegenden Recht, so wie es ist und nicht, wie es einer Gerechtigkeitsidee nach sein sollte. Savigny brachte das Recht in eine überschaubare Ordnung und vertrat im Gegensatz zu Austin die Position, dass das Recht nicht ein Befehl des Souveräns sei, sondern dem Geist des Volkes entstamme. Ferner setzte er sich von den metaphysischen Vorstellungen der Naturrechtslehrer ab. Das war auch Hans Kelsens Anliegen, denn das Naturrecht hat sich nach seiner Ansicht immer in den Dienst ideologischer Interessen stellen lassen. Den konservativen Naturrechtslehrern sei es auf die Verklärung der bestehenden Rechtsordnung angekommen. Sie haben zeigen wollen, dass »das positive

Recht nur der Ausfluß einer natürlichen, göttlichen oder vernünftigen, das heißt aber absolut richtigen, gerechten Ordnung sei; während die revolutionäre Naturrechtslehre [...] die entgegengesetzte Absicht verfolgt: Die Geltung des positiven Rechts dadurch in Frage zu stellen, daß sie dessen Widerspruch zu einer irgendwie vorausgesetzten absoluten Ordnung behauptet.« (Kelsen 1934/1994, 16)

Was will nun Kelsen mit seiner *Reinen Rechtslehre* im Gegensatz zur Naturrechtslehre? »Indem die Reine Rechtslehre das Recht aus dem metaphysischen Nebel heraushebt, in den die Naturrechtslehre dieses Recht als etwas seinem Ursprung oder seiner Idee nach Heiliges einhüllt, will sie es ganz realistisch als eine spezifische soziale Technik begreifen.« (Kelsen 1988, 243) Diese soziale Technik – und nur diese – soll analysiert werden. Es soll nicht gefragt werden, welche naturrechtliche oder metaphysische Idee dahintersteckt, sondern es geht um eine sachliche Analyse, und zwar des Rechts überhaupt und nicht eines bestimmten Rechts in einer bestimmten sozialen Ordnung bzw. in einem bestimmten Staat. Wie eine solche Analyse zu erfolgen hat und wie man zeigen kann, dass neues Recht entsteht, und wie man auf den letzten Geltungsgrund des Rechts kommt, zeigt Kelsen in seiner *Reinen Rechtslehre*.

> »Fragt man etwa, warum ein bestimmter Zwangsakt, die Tatsache z. B., daß ein Mensch dem anderen die Freiheit entzieht, indem er ihn in ein Gefängnis sperrt, ein Rechtsakt ist und somit zu einer bestimmten Rechtsordnung gehört, so ergibt sich als Antwort: weil dieser Akt durch eine bestimmte individuelle Norm, ein richterliches Urteil, vorgeschrieben wurde. Fragt [...] iter:
> warum diese individuelle Norm gilt, und
> standteil einer ganz bestimmten Rechtso
> erhält man zur Antwort: weil sie entsprec
> gesetzbuch gesetzt wurde. Und fragt ma
> tungsgrund des Strafgesetzbuches, so

Staatsverfassung, nach deren Bestimmungen das Strafgesetzbuch von dem hierzu kompetenten Organ in einem von der Verfassung vorgeschriebenen Verfahren zustande gebracht wurde. Fragt man aber nach dem Geltungsgrund der Verfassung, auf der alle Gesetze und die auf Grund der Gesetze ergangenen Rechtsakte beruhen, so gerät man vielleicht auf eine noch ältere Verfassung und so schließlich auf eine historisch erste, die von einem einzelnen Usurpator oder von einem irgendwie gebildeten Kollegium erlassen wurde. Daß dasjenige, was das historisch erste verfassunggebende Organ als seinen Willen geäußert hat, als Norm zu gelten habe, das ist die Grundvoraussetzung, von der alle Erkenntnis der auf dieser Verfassung beruhenden Rechtsordnung ausgeht.« (Kelsen 1934/1994, 65)

Diese Grundnorm könnte von einem Usurpator erlassen worden sein, und in dem Fall wäre Kelsen von der Imperativtheorie Austins nicht so weit entfernt. Es entzieht sich laut Kelsen allerdings unserer Kenntnis, wie die Grundnorm entstanden ist. Kelsen geht lediglich davon aus, dass es eine solche Grundnorm geben muss.

Das Verfahren, die Grundnorm als existierend zu behaupten, ist dem Verfahren von Kant vergleichbar, denn die Verifizierung, dass es eine Grundnorm gibt, geschieht bei Kelsen nach derselben Figur, die in Kants *Kritik der reinen Vernunft* zur Anwendung kommt. (Vgl. dazu auch Paulsen 1994, V f.; anders Klug 1974, 17) Kant argumentiert dort folgendermaßen: »Und so ist die synthetische Einheit der Apperzeption der höchste Punkt, an dem man allen Verstandesgebrauch, selbst die ganze Logik, und, nach ihr, die Transzendental-Philosophie heften muß.« (B 134 Anmerkung) Wenn es diesen Punkt nicht gäbe, gäbe es keine Kategorien, keinen Verstand, kein Denken, letztlich keine Erkenntnis. Da es Erkenntnis aber gibt, muss es auch die transzendentale Synthesis der Apperzeption geben. (Vgl. Kuhlmann 1988, 198–202) Kelsens Argumentation verläuft entsprechend: Da es Freiheitsstrafen, Richterspruch, Gesetz und Verfassung gibt, muss es auch eine Grundnorm geben, denn ohne sie gäbe es die Rechtsordnung nicht. Die Grundnorm gehört nicht zu den positiven Normen selbst. »Sie gilt, da sie nicht im Rechtsverfahren erzeugt wird, nicht als positive Rechtsnorm, ist nicht gesetzt, sondern – als Bedingung aller Rechtssetzung, alles positiven Rechtsverfahrens – vorausgesetzt.« (Kelsen 1934/1994, 66 f.) Darum müsse man sich als Wissenschaftler jeder weiteren Erörterung der Grundnorm enthalten. Sie sei lediglich eine »erkenntnistheoretische Hypothese« (Hofmann 2000, 16), genauso wie wir sie bei Kant finden.

Der Rechtswissenschaftler geht nach Kelsen bei seiner Arbeit von einer gegebenen Sollensnorm aus. »Ein Sollen kann nur durch ein anderes Sollen, eine Norm kann nur durch eine andere Norm begründet werden. Wenn aber eine höhere positivrechtliche Norm nicht zur Verfügung steht, dann muss man über das positive Recht hinausgreifen. Auf diese Weise gelangt man zur Grundnorm. Die Annahme, dass das positive Recht sich notwendigerweise auf eine überpositive normative Basis beziehen müsse, teilt die Reine Rechtslehre mit dem Naturrecht. Inhaltlich unterscheidet sich die Grundnorm Kelsens jedoch tiefgreifend von der Grundnorm des Naturrechts. Das Naturrecht will das positive Recht moralischen Verbindlichkeitsstandards unterstellen. Die Reine Rechtslehre verfolgt derartige Ambitionen nicht.« (Pawlik 2000)

Die Grundnorm näher zu betrachten und sie Spekulationen zu unterziehen, ist nicht im Geiste von Kelsens positivrechtlichem Anliegen. Kelsen ist wie Kant der Auffassung, dass die wissenschaftliche Erkenntnis Grenzen hat, die nicht überschritten werden dürften, will diese Erkenntnis dem Anspruch des Attributs »wissenschaftlich« genügen und sich dabei jeder ausufernden Spekulation enthalten.

Kelsen fasst sein Anliegen so zusammen: Erkannt werden kann nur positives Recht, und das ist Gegenstand der *Reinen Rechtslehre*. »Sie will das Recht darstellen, so wie es ist, ohne es als gerecht zu legitimieren oder als ungerecht zu disqualifizieren; sie fragt nach dem wirklichen und möglichen, nicht nach dem richtigen Recht. [...] Sie lehnt es ab, das positive Recht zu bewerten. Sie betrachtet sich als Wissenschaft zu nichts anderem verpflichtet, als das positive Recht seinem Wesen nach zu begreifen und durch eine Analyse seiner Struktur zu verstehen. [...] Gerade durch ihre antiideologische Tendenz erweist sich die Reine Rechtslehre als wahre Rechtswissenschaft.« (Kelsen 1934/1994, 17) Ausdrücklich wendet Kelsen sich gegen die Unterstellung, dass es ihm nicht auf gerechtes und im moralischen Sinne gutes Recht ankomme, aber »diese Forderung versteht sich von selbst« (Kelsen 1934/1994, 12). Diese Einlassung Kelsens widerspricht dem, was Norbert Hoerster zum Rechtspositivismus sagt, dass der Rechtspositivismus rechtliche Normen analysiere, unabhängig davon, »ob sie bestimmten moralischen Forderungen oder Gerechtigkeitsidealen genügen oder nicht« (Hoerster 2011, 36). Dworkin geht ebenfalls in seiner Annahme fehl, dass es dem Rechtspositivismus nicht auf gerechtes Recht ankomme. (Vgl. Dworkin 2012, 692) Man muss Dworkin und Hoerster mit der Frage begegnen, was denn die Parteien sonst motivieren sollte, den Gang zum Gericht anzutreten, wenn nicht die Überzeugung, dass durch den Prozess Gerechtigkeit hergestellt wird. Die Gerechtigkeit ist die konstitutive Idee für das Zustandekommen eines Prozesses, wie eingangs mit Rückgriff auf einen Gedanken von Habermas ausgeführt wurde.

Herbert Lionel Adolphus Hart und Niklas Luhmann

Ein weiterer, nicht weniger bedeutender Rechtspositivist ist Herbert Lionel Adolphus Hart (1907–1992). Rechtsnormen werden Hart zufolge nur dann als Pflichtregeln akzeptiert, wenn der Gesetzgeber sich »an allgemein anerkannte fundamentale Regeln hält, die das zur Rechtssetzung erforderliche

Verfahren angeben. […] Diese allgemein anerkannten fundamentalen Regeln, welche im einzelnen festlegen, was die gesetzgebende Körperschaft tun muß, um Gesetze zu schaffen, sind nicht gewohnheitsmäßig befolgte Befehle, noch kann man sie als Befolgungsgewohnheiten gegenüber bestimmten Personen bezeichnen. Sie bilden die Grundlage eines Rechtssystems.« (Hart 1971, 25) Gemeint sind damit die Verfahrensregeln bei der Generierung von Gesetzen. Diese Regeln werden von Hart nicht weiter ausgeführt. Niklas Luhmann hingegen hat eine Monografie mit dem Titel *Legitimation durch Verfahren* vorgelegt, auf die ich mich im Folgenden beziehe. Wenn Recht sich nicht mehr auf vorgefundene natürliche Wahrheit oder einen auf Gottes Gnaden beruhenden Befehl des Souveräns berufen kann, wie es John Austin noch tat, bedarf es einer anderen Legitimationsgrundlage, um Anerkennung zu finden. Welche das in der Demokratie ist, wird im Titel von Luhmanns Buch bereits gesagt und ist von Hart ebenfalls genannt worden: Es ist das Verfahren. Verfahren sind soziale Systeme besonderer Art. Hier geht es zunächst um das Gerichtsverfahren und dann um das Verfahren bei der Gesetzgebung.

Die Funktion des Gerichtsverfahrens ist es, zu einer bindenden Entscheidung zu gelangen, die nicht nur von den Parteien, sondern auch von Dritten akzeptiert wird. Akzeptiert werden allerdings nur Entscheidungen, die auf Rechtsnormen beruhen, die in einem demokratisch-rechtlichen Verfahren zustande gekommen sind. Recht und Demokratie bedingen sich wechselseitig. Rechtsnormen bilden, wie gesagt, die Spielregeln des Sozialen. Demokratie verlangt demokratische Spielregeln. Das gilt nicht nur für Gerichtsentscheidungen, sondern ebenso für Gesetzgebungsverfahren. Sie haben im Unterschied zu Gerichtsverfahren einen offenen Zukunftshorizont. Gesetze, die sich nicht bewähren, können geändert und den sozialen Bedürfnissen angepasst werden, beispielsweise Gesetze zur Regelung der Altersteilzeitbeschäftigung. Gesetze können auf Zeit erlassen werden, man denke etwa an Steuergesetze, die sich auf die Erhebung des Solidaritätszuschlags für die fünf ostdeutschen Bundesländer beziehen. »Nichts hat man indes je davon gehört, dass ein gerichtliches Urteil zum Zwecke späterer Richtigkeitsüberprüfung auf Zeit oder versuchsweise erlassen worden wäre. Bei der strafgerichtlichen Verurteilung auf Bewährung muss der Verurteilte sich bewähren, nicht das Urteil.« (Hofmann 2000, 32)

So viel zur Legalität. Nun zur Frage der Legitimität. »Wie ist es möglich, wenn nur wenige entscheiden, die faktische Überzeugung von der Richtigkeit oder der verbindlichen Kraft dieses Entscheidens zu verbreiten?« (Luhmann 1983, 27) Das geschieht dadurch, dass an die Stelle naturrechtlicher Begründung die Gleichheit der Chance, befriedigende Entscheidungen zu erhalten, tritt. So können Verfahren eine generelle Art der Anerkennung finden, »die unabhängig ist vom Befriedigungswert der einzelnen Entscheidung, und diese Anerkennung zieht die Hinnahme und Beachtung verbindlicher Entscheidungen nach sich.« (Luhmann 1983, 30f.)

Auf diese Weise kann man die formalen Prinzipien eines rechtlichen Verfahrens bejahen, doch den Inhalt der Entscheidung im konkreten Fall ablehnen. Beides muss strikt voneinander getrennt werden. Das ist für die Beteiligten oft schwierig, denn »alle streitigen Entscheidungen hinterlassen im Schnitt 50% Enttäuschte mit typisch geringer Lernbereitschaft« (Luhmann 1983a, 262). Denn »im Recht fühlen sich beide Parteien, die vor dem Richter erscheinen« (Lahusen 2011, 123). Gegen Lernunwillige werden Entscheidungen mit staatlich legalisierten und rechtlich geregelten Erzwingungsverfahren durchgesetzt. Das ist das eingangs genannte erste Merkmal des Rechts, das es von Moral unterscheidet. Für die Einhaltung von moralischen Regeln gibt es kein äußeres Erzwingungsverfahren. Eine isolierte Verwendung von Zwang im Recht liefe allerdings auf ein Terrorregime hinaus. Darum kommen rechtlich geregelte, demokratisch legalisierte Verfahren hinzu, die so strukturiert sind, dass sie allgemeine Anerkennung finden und dazu geeignet sind, bindende Entscheidungen durchzusetzen.

Die von Luhmann genannten Punkte ermöglichen es, die Frage zu beantworten, was Hart unter »Recht« versteht. Recht ist bei ihm die Kombination von primären und sekundären Regeln. Primäre Regeln sind Regeln, die die Menschen in einem Sozialverband zu einem Tun oder Unterlassen verpflichten. Hinzu treten die von Hart so genannten sekundären Regeln, das sind die Ermächtigungs- oder Befugnisregeln, die Anerkennungsregeln und die Verfahrensregeln, die die Befugnis übertragen, Regeln der ersten Art zu erlassen, aufzuheben oder zu modifizieren. (Vgl. Hart 1994, 98) Die primären Regeln sind die, nach denen das soziale Spiel läuft und in denen die wechselseitigen Erwartungen und Erwartungserwartungen enthalten sind. Man erwartet von anderen, was man von sich selbst und was andere von einem selbst erwarten. Das sind die Spielregeln des Sozialen. Recht definiert und sanktioniert soziale Normalität. (Vgl. Hofmann 2000, 31) Sähe man es anders, wäre es so, als ob die Regeln für das Fußballspiel nur Anweisungen an den Schiedsrichter sind und darin ihr eigentlicher Sinn läge – und nicht darin, ein Spiel regelgerecht laufen zu lassen. (Vgl. Hart 1971, 28) Recht ist demnach keineswegs nur die Software für den Justizapparat. (Vgl. Hofmann 2000, 31)

Karl Marx

Man kann Karl Marx (1818–1883) insofern beim Rechtspositivismus einordnen, als er das bestehende Recht mittels seiner Kapitalismusanalyse kritisiert. Auf der Oberfläche der Zirkulation geht nach seiner Ansicht alles mit rechten Dingen zu: Der Kapitalist oder Geldbesitzer muss »den freien Arbeiter auf dem Warenmarkt vorfinden, frei in dem Doppelsinn, daß er als freie Person über seine Arbeitskraft als seine Ware verfügt, daß er andererseits andre Waren nicht zu verkaufen hat, los und ledig, frei ist von allen zur Verwirklichung seiner Arbeitskraft nötigen Sachen« (MEW 23, 183). Was nun der Kapitalist mit der gekauften Ware macht, geht den Arbeiter nichts mehr an, denn der Gebrauch der Arbeitskraft ist genauso wenig Gegenstand der Zirkulation wie das Trinken einer Flasche Wein. Auch hier interessiert den Verkäufer nur, dass er das rechtmäßige Äquivalent, also den Kaufpreis der Flasche Wein, bekommen hat, aber nicht, was der Käufer mit der Flasche Wein danach macht, ob er sie beispielsweise alleine oder zu zweit trinkt, ob er sie verschenkt oder weiterverkauft. (Vgl. Marx 1857–58/1953, 946) Wenn der Kapitalist die Arbeitskraft zu ihrem Marktwert gekauft hat, verlässt er mit ihr die Tauschsphäre, schließt das Fabriktor hinter sich und konsumiert die Arbeitskraft als Gebrauchswert während einer bestimmten Zeit. Dass er dann aus ihr mehr herausholt, als er für sie bezahlt hat, erfolgt nach dem kapitalistischen, mehrwertschöpfenden Gesetz.[9]

Auf der Ebene des Äquivalententauschs ist alles rechtens zugegangen. Ausbeutung, also Ungerechtigkeit, findet man erst unter der Oberfläche des Tausches, in der Produktion. Besonders augenfällig wurde das für Marx in der Frühphase des Kapitalismus mit den unmenschlichen Bedingungen in der industriellen Produktion, die Friedrich Engels 1845 in seiner Schrift über *Die Lage der arbeitenden Klasse in England* beschrieben hatte: »Die Sklaverei, in der die Bourgeoisie das Proletariat gefesselt hält, kommt nirgends deutlicher ans Tageslicht als im Fabriksystem. Hier hört alle Freiheit rechtlich und faktisch auf.« (MEW 2, 398) Hinter dem Fabriktor endet also nach Engels' Worten die von Marx für den Zirkulationsprozess beschriebene Freiheit des Arbeiters; dort gilt das Recht nicht mehr, das noch auf der Zirkulationsebene galt, vielmehr herrscht ein rechtloser Zustand. In der Produktion waren die Arbeiter stets in Gefahr, ihr Leben zu verlieren oder ihre Gesundheit einzubüßen.

Das Recht, das in der Zirkulationssphäre angesiedelt ist, sorgt für den gerechten Kauf und Verkauf der Ware Arbeitskraft, für den Äquivalententausch. Hier ist von Ungerechtigkeit keine Spur. Der Arbeiter, der seine Arbeitskraft verkauft, kann sich nicht beklagen, denn der Preis, den er erhält, ist rechtens. Recht müsste von der Zirkulations- oder Austauschsphäre auf die Produktion durchgreifen können, damit auch da Gerechtigkeit hergestellt werden könnte. Erste Schritte dahin machte die seit 1833 einsetzende Fabrikgesetzgebung mit der zeitlichen Beschränkung des Arbeitstages für Kinder, die Marx als eine erste »bewußte und planmäßige Rückwirkung der Gesellschaft auf die naturwüchsige Gestalt ihres Produktionsprozesses« bezeichnete. (MEW 23, 504) Später hat auch der österreichische sozialistische Jurist Anton Menger (1841–1906) in seinem Buch *Das Bürgerliche Recht und die besitzlosen Volksklassen* von 1890 darauf hingewiesen, dass das Recht auf den Produktionsprozess durchgreifen müsse. Der sowjetische Rechtsphilosoph Petr I. Stučka (1865–1932) erkannte darin später sogar die revolutionäre Rolle des Rechts. (Vgl. Stučka 1921/1969, 140) Im Gegensatz dazu hat der zweite bedeutende sowjetische Rechtsphilosoph, Eugen Paschukanis (1891–1937), von der Notwendigkeit der Überwindung des Äquivalententauschs gesprochen, damit der Gegensatz von individuellen und gesellschaftlichen Interessen verschwände (vgl. Paschukanis 1923/1969, 35 und 81) und mit ihm der freie Arbeitsvertrag, auf dessen Basis der Proletarier lediglich die Möglichkeit habe, »ganz ungestört – zu verhungern« (Paschukanis 1923/1969, 139). Paschukanis strebt im Gegensatz zu den beiden anderen sozialistischen Rechtsphilosophen die Beseitigung des Rechts und damit die Etablierung der klassenlosen kommunistischen Gesellschaft an.

Anton Mengers Überlegungen sollen Einfluss auf das 1900 in Kraft getretene Bürgerliche Gesetzbuch gehabt haben. (Vgl. Loos/Schreiber 1972, 300) In dessen § 618 wird festgelegt, dass die Arbeitsräume so eingerichtet sein müssen, dass die Menschen vor Gefahren für Leben und Gesundheit geschützt sind. Wenn der Arbeitgeber gegen diese Pflichten verstößt, hat er nach Absatz 3 des § 618 BGB mit Sanktionen zu rechnen. Inzwischen gibt es detaillierte Arbeitsschutzgesetze, in Deutschland das *Gesetz über die Durchführung von Maßnahmen des Arbeitsschutzes zur Verbesserung der Sicherheit und des Gesundheitsschutzes der Beschäftigten bei der Arbeit* vom 7. August 1996 und die dazugehörigen diversen Verordnungen. Nur aufgrund eines solchen Durchgriffs des Rechts durch die Zirkulationssphäre in die Produktionssphäre kann im Sinne von Marx Gerechtigkeit hergestellt werden. Dann erst kann man nach Marx von einem gerechten Recht sprechen.[10]

Zusammenfassender Überblick über die sozialen Grundlagen der Rechtsideen in der Neuzeit

Sowohl das Aufkommen der rechtspositivistischen Theorie wie das des Naturrechts waren historisch von den sozialen Gegebenheiten abhängig. So korrespondiert die Blüte der naturrechtlichen Ideen zu Beginn der Neuzeit mit einer ganz anderen, neuen Staatsauffassung. Das Gemeinwesen war für die Menschen bis dahin eine von Gott gegebene und eingerichtete Ordnung. Als aber die Menschen sich seit der Renaissance selbst als frei und unabhängig ansahen und die gesellschaftlich integrierende Funktion der Religion im Schwinden begriffen war, waren die feudalen und absolutistischen Ordnungen nicht mehr zu halten. Große Ideen bliesen zum Aufbruch und eine Orientierung für den neuen Weg musste gefunden werden. Nun mussten die Menschen die Legitimität und Legalität der Staatsordnung selbst begründen, da sie nicht mehr auf Gott zurückgeführt wurde, sondern auf die Bürger. Naheliegend war es, wie Hobbes an eine Vertragstheorie zu denken: Von Natur aus freie Bürger schließen sich zusammen und festigen diesen Zusammenschluss mit einem freiwillig geschlossenen Vertrag. Da man in diesen Umbruchzeiten unsicher war, ob man die richtige Ordnung gefunden hatte, befragte man die Natur und orientierte sich an ihr. Große naturrechtliche Ideen, vor allem die Ideen der Freiheit, der Gleichheit, der Gerechtigkeit und des Eigentums, konnten sich ihren Weg in die Kodifizierungen bahnen, beispielsweise in das preußische Landrecht. Die Menschen orientierten sich an diesen großen Ideen, erkämpften ihre Realisierung und machten ihr Recht selbst.

Im Laufe der Zeit wurde der von Menschen eingerichtete, demokratische und von anderen Mächten unabhängige Staat als selbstverständlich angesehen. Ebenso wurde das Recht als geltend angenommen, weil es von Menschen auf dem von ihnen entworfenen Gesetzgebungswege zustande gekommen war. Das war die Geburtsstunde der Theorie des Rechtspositivismus. Die Rechtspositivisten befassten sich nur noch mit diesem kodifizierten Recht. Alle Bezüge auf die Naturordnung, die Sicherheit geben sollten, waren nun kein Thema mehr. Luhmann zufolge liegt darin die Ursache dafür, dass die »alteuropäische Einheit von Natur und Moral« zerbrach. (Luhmann 2013, 36)

Mit der nun folgenden Darstellung der unterschiedlichen Einschätzungen, welcher Art das nationalsozialistische Recht war, wird die Unterscheidung von Rechtspositivismus und Naturrecht vertieft.

Nationalsozialismus

Bevor das kodifizierte Recht und die Rechtsprechung im Nationalsozialismus dargestellt werden, wird es um die oft hilflosen Reaktionen nach 1945 auf das, was sich im Nationalsozialismus abspielte, gehen. In allererster Linie sind hier Gustav Radbruch und seine Kritiker zu nennen.

Gustav Radbruch (1878–1949), einer der einflussreichsten Rechtsphilosophen des 20. Jahrhunderts und Reichsjustizminister in der Weimarer Republik, schrieb 1946 nach der Erfahrung mit dem nationalsozialistischen Recht in seinem Aufsatz *Gesetzliches Unrecht und übergesetzliches Recht* Folgendes: »Der Positivismus hat in der Tat mit seiner Überzeugung ›Gesetz ist Gesetz‹ den deutschen Juristenstand wehrlos gemacht gegen Gesetze willkürlichen und verbrecherischen Inhalts.« (Radbruch 1999, 215) Ihre unselige Wirkung habe jene Überzeugung, die der Rechtssicherheit dienen sollte, erst dadurch tun können, dass »der Rechtspositivismus namentlich in Deutschland eine spezifische Affinität zum obrigkeitsstaatlichen Denken aufweist« (Dreier/Paulson 1999, 249). Das war ein Frontalangriff auf den Rechtspositivismus – und eine Fehleinschätzung dazu, wie noch zu zeigen sein wird, denn »der Glaube an einen Richter, der die Nürnberger Rassegesetze bloß gezwungenermaßen und schweren Herzens zur Anwendung brachte, weil er seine moralischen Überzeugungen an einem wertfreien Rechtsbegriff abprallen sah, ist in Anbetracht der Auslegungsfreudigkeit gerade des nationalsozialistischen Richterstandes ziemlich abwegig. Der Glaube aber, ein solcher Richter hätte ganz anders gehandelt, sofern nur sein wertschwangeres Gewissen durch den wertbezogenen Rechtsbegriff juristisch geadelt worden wäre, ist noch viel abwegiger.« (Lahusen 2011, 181)
Man muss allerdings sehen, dass sich Radbruch vor 1945 selbst zum Rechtspositivismus bekannte. Das belegt folgende Passage in seiner *Rechtsphilosophie* von 1932:

> »Aber wie ungerecht immer das Recht seinem Inhalt nach sich gestalten möge – es hat sich gezeigt, daß es einen Zweck stets, schon durch sein Dasein, erfüllt, den der Rechtssicherheit. Der Richter, indem er sich dem Gesetze ohne Rücksicht auf seine Gerechtigkeit dienstbar macht,

> wird also trotzdem nicht bloß zufälligen Zwecken der Willkür dienstbar. Auch wenn er, weil das Gesetz es so will, aufhört, Diener der Gerechtigkeit zu sein, bleibt er noch immer Diener der Rechtssicherheit. Wir verachten den Pfarrer, der gegen seine Überzeugung predigt, aber wir verehren den Richter, der sich durch sein widerstrebendes Rechtsgefühl in seiner Gesetzestreue nicht beirren läßt; denn das Dogma hat nur als Ausdruck des Glaubens, das Gesetz aber nicht nur als Niederschlag der Gerechtigkeit seinen Wert, sondern auch als Bürgschaft der Rechtssicherheit, und vornehmlich als solches ist es in die Hand des Richters gegeben. Ein gerechter Mann gilt mehr als ein nur rechtlicher, nur gesetzestreuer Mann, von ›rechtlichen‹ Richtern aber pflegen wir nicht zu reden, sondern nur von ›gerechten Richtern‹, denn ein rechtlicher Richter ist eben dadurch und nur dadurch auch schon ein gerechter Richter. Aber dem Richter, der im Gewissen gebunden ist, alles gesetzte Recht als geltend zu betrachten, kann ein Angeklagter gegenüberstehen, den sein Gewissen bindet, ungerechtes oder unzweckmäßiges Recht als ungültig zu betrachten, obgleich es gesetzt ist.« (Radbruch 1999, 84 f.)

Radbruch bekennt sich hier zum Rechtspositivismus. Dennoch sieht er die Gerechtigkeit »als die zweite große Aufgabe des Rechts an« (Radbruch 1999, 83). Den bleibenden Konflikt zwischen Rechtssicherheit und Gerechtigkeit hat er im Blick; er bietet nach der Erfahrung mit dem Nationalsozialismus in dem eben schon zitierten Aufsatz folgende umstrittene und viel diskutierte Lösung an, die rechtspraktisch höchst einflussreich war und, soweit ich sehe, immer noch ist: »Der Konflikt zwischen der Gerechtigkeit und der Rechtssicherheit dürfte dahin zu lösen sein, daß das positive, durch Satzung und Macht gesicherte Recht auch dann den Vorrang hat, wenn es inhaltlich ungerecht und unzweckmäßig ist, es sei denn, daß der Widerspruch des positiven Gesetzes zur Gerechtigkeit ein so unerträgliches Maß erreicht, daß das Gesetz als ›unrichtiges Recht‹ der Gerechtigkeit zu weichen hat. […] Denn man kann Recht, auch positives Recht, gar nicht anders definieren denn als eine Ordnung und Satzung, die ihrem Sinn nach bestimmt ist, der Gerechtigkeit zu dienen. An diesem Maßstab gemessen sind ganze Partien nationalsozialistischen Rechts niemals zur Würde geltenden Rechts gelangt.« (Radbruch 1999, 216)

Radbruch hat an der Zuspitzung des Konflikts in der dargestellten Weise Kritik erfahren. Helmut Schelsky zufolge konnte dieser Konflikt nur deshalb entstehen, weil Radbruch in bewusstseinsphilosophischer Weise versucht habe, alles unter eine Idee zu subsumieren, und somit die Rechtssicherheit zum Bestandteil einer Idee gemacht habe, die aus noch Grundlegenderem, wie Natur oder Vernunft, abgeleitet sein soll. (Vgl. Schelsky 1980, 50 ff.) Schelsky diagnostiziert damit die Orientierung Radbruchs an der naturrechtlichen Denkweise. Bei der Rechtssicherheit, darin muss man Schelsky in seiner Radbruch-Kritik zustimmen, geht es nicht um die Fundierung in naturrechtlichem Denken, sondern zunächst ganz praktisch darum, dass die von der Rechtsprechung betroffenen Menschen nicht willkürlich behandelt werden sollen, das heißt, es muss die Sicherheit gegeben sein, dass das Recht auf jeden in gleicher Weise Anwendung findet. Aber muss man nicht doch konstatieren, dass die Idee der Rechtssicherheit in der Gerechtigkeit wurzelt und dass es gerecht ist, wenn Rechtssicherheit garantiert wird? Ich denke schon, dass die Rechtssicherheit in der Gerechtigkeit wurzelt. Auf diesen Gesichtspunkt werde ich am Ende bei der Diskussion um die Bedeutung des Verfahrensrechts zurückkommen.

Meines Erachtens hätte, ebenso wie beim oben geschilderten Algerienproblem (vgl. S. 40), eine ganz formale Prüfung allerdings gereicht, um die Frage zu beantworten, ob das Recht im Nationalsozialismus in einem korrekten Verfahren zustande gekommen ist und somit überhaupt Recht war. »Um Recht in Geltung zu setzen, müssen bei seiner Produktion bestimmte Bedingungen erfüllt, Mehrheiten erreicht, Lesungen erfolgt, Anhörungen durchgeführt werden. Erst die Form schafft den Inhalt.« (Lahusen 2011, 67) Eine solche einfache Prüfung hätte Radbruch seines Konflikts enthoben, denn die Grundlage eines Rechtssystems ist – wie Hart schon feststellte – das korrekte Verfahren beim Zustandekommen von Gesetzen. (Vgl. Hart 1971, 25) Bei den Nationalsozialisten jedoch war nicht das korrekte Verfahren die Grundlage der Rechtsetzung, sondern der Führerwille. Die Willkür ist ausgeschlossen und die Rechtssicherheit gewährleistet, wenn garantiert ist, dass Recht durch ein legales Verfahren zustande kommt und in jedem Fall in gleicher Weise Anwendung findet. Es bedarf dann nicht des Nachweises, dass Rechtssicherheit einer naturrechtlichen Idee entspringt. Tatsächlich vertraten die Nationalsozialisten eine Naturrechtsidee, deren Inhalt die Nazi-Ideologie war, wie später noch zu zeigen sein wird.

H. L. A. Hart zeigt einerseits großes Verständnis für die erfahrungsgesättigten Beweggründe von Radbruch, sagt aber, dass man die radbruchsche Formel nicht in der Rechtsprechung hätte anwenden dürfen, um die Verbrechen der NS-Zeit bestrafen zu können. Man hätte ehrlich sein müssen und das Recht im Nachhinein ändern sollen, obwohl das dem überkommenen Rechtsgrundsatz des Rückwirkungsverbots widersprochen hätte, das im § 1 des deutschen Strafgesetzbuches[11] verankert ist. »Denn wenn wir uns Radbruchs Ansicht anschließen und mit ihm und den deutschen Gerichten unseren Protest gegen verwerfliche Gesetze in die Behauptung kleiden, daß gewisse Normen wegen ihrer moralischen Unhaltbarkeit nicht Recht sein können, so bringen wir Verwirrung in eine der stärksten, weil einfachsten Formen moralischer Kritik.« (Hart 1971, 45) Diese von Hart prophezeite Verwirrung bestünde darin, dass man sagen muss: Diese rechtlichen Normen sind moralisch haltbar, jene aber nicht. Damit öffnete man der Willkür Tor und Tür.

Hart führt nun einen konkreten Fall an, der Radbruch bei seiner Reflexion ebenfalls vor Augen stand: 1944 zeigte eine Frau ihren Mann an, den sie »sich vom Halse schaffen« wollte. Als er während des Fronturlaubs abfällige Bemerkungen über Hitler gemacht hatte, verriet sie ihn. Der Mann wurde zum Tode verurteilt, doch nicht hingerichtet, sondern zur Bewährung an die Front geschickt. Die Frau wurde 1949 wegen Freiheitsberaubung in mittelbarer Täterschaft verurteilt[12], obwohl ihr Mann von einem Gericht aufgrund damals bestehender Gesetze und damit geltender Rechtsvorschriften verurteilt worden war. Das OLG Bamberg erklärte in seiner Urteilsbegründung, dass diese Gesetze »gegen das Billigkeits- und Gerechtigkeitsempfinden aller anständig Denkenden« verstießen. Das Gericht bediente sich folglich der radbruchschen Formel. Für Hart hingegen gab es in diesem Fall zum einen die Möglichkeit, die Frau straflos ausgehen zu lassen, somit den 1944 geltenden Bestimmungen Genüge zu tun, demnach der Rechtssicherheit Vorrang einzuräumen und damit Moralprinzipien zu opfern. Zum anderen könnte man die Frau aufgrund unverhüllt rückwirkender Gesetze verurteilen und damit den Moralprinzipien Rechnung tragen; dieses täte man in vollem Bewusstsein dessen, dass man die Rechtssicherheit opfert. »So abstoßend eine rückwirkende Strafgesetzgebung und Bestrafung auch sein mag, sie in diesem Falle offen durchgeführt zu haben, hätte wenigstens den Vorzug der Redlichkeit gehabt. Es hätte deutlich gemacht, daß man bei der Bestrafung der Frau zwischen zwei Übeln zu wählen hatte: dem, sie unbestraft zu lassen, und dem, ein wertvolles moralisches Prinzip preiszugeben, das die meisten Rechtssysteme gutheißen. Wenn wir aus der Geschichte der Moral etwas gelernt haben, dann doch dieses, daß man moralische Probleme nicht kaschieren sollte.« (Hart 1971, 44) Dem ist nichts hinzuzufügen, außer dass die Rechtssicherheit auch ein moralischer Wert ist. Das Verfahrensrecht, das Rechtssicherheit garantieren soll, wird an späterer Stelle noch Thema sein; im Übrigen unter Bezugnahme auf Hart.

Bei den Nürnberger Kriegsverbrecherprozessen stellte sich ebenfalls die Frage des Rückwirkungsverbots. Es wurde vorgebracht, dass zur Zeit der Taten nationalsozialistisches Recht galt. Um überhaupt eine Gesetzesgrundlage für die Anklage gegen die NS-Verbrecher zu haben, legte man das Kontrollratsgesetz Nr. 10 vom 20. Dezember 1945 zugrunde. Im Artikel 2 heißt es: »Jeder der folgenden Tatbestände stellt ein Verbrechen dar: [...] c) *Verbrechen gegen die Menschlichkeit.* Gewalttaten und Vergehen, einschließlich der folgenden den obigen Tatbestand jedoch nicht erschöpfenden Beispiele: Mord, Ausrottung, Versklavung; Zwangsverschleppung, Freiheitsberaubung, Folterung, Vergewaltigung oder andere an der Zivilbevölkerung begangene unmenschliche Handlungen; Verfolgung aus politischen, rassischen oder religiösen Gründen, ohne Rücksicht darauf, ob sie das nationale Recht des Landes, in welchem die Handlung begangen worden ist, verletzen.«

Im Urteil wird auf diese Rechtsgrundlage Bezug genommen. Dort heißt es: Der »Gerichtshof hat das Recht, Personen abzuurteilen und zu bestrafen, die durch ihre im Interesse der europäischen Achsenländer ausgeführten Handlungen, sei es als Einzelperson, sei es als Mitglieder von Organisationen, eines der folgenden Verbrechen begangen haben.« Dann folgt die Aufzählung aus dem Kontrollratsgesetz Nr. 10.

Das alles waren natürlich Hilfskonstruktionen. Um in Zukunft für solche Verbrechen eine Rechtsgrundlage zu haben, erfolgte die Menschenrechtsdeklaration vom 10. Dezember 1948.

Kehren wir zu dem Fall zurück, den das OLG Bamberg zu entscheiden hatte. Da hätte sich der andere große Rechtspositivist des 20. Jahrhunderts, Hans Kelsen, für die erste von Hart aufgewiesene Möglichkeit entschieden, denn für ihn galt Folgendes: »Vom Standpunkt der Rechtswissenschaft ist das *Recht* unter der Naziherrschaft ein Recht. Wir können es bedauern, aber wir können nicht leugnen, daß das Recht war.« (Kelsen 1963, 148) Kelsen meinte, dass das Recht bei den Nationalsozialisten unter den Bedingungen des rechtlichen Verfahrens zustande gekommen sei: auf der Verfassung basierend, im parlamentarischen Verfahren des Gesetzgebers. Das zur Rechtssetzung erforderliche Verfahren haben die Nationalsozialisten allerdings abgeschafft. Das hat zum ersten Mal Franz Neumann in seiner klassischen Analyse des nationalsozialistischen Staates gezeigt, in der er zu dem Ergebnis kam, dass das Recht im NS-Regime nur noch »ein technisches Mittel zur Durchsetzung bestimmter Ziele« gewesen sei. Das Recht war nur noch Mittel zur Durchsetzung des Führerwillens. (Vgl. Neumann 1977, 518) »Wenn Recht und der Wille des Führers identisch sind, wenn der Führer selbst ohne jedes Justizverfahren politische Gegner töten lassen kann und diese Tat als höchste Verwirklichung des Rechts gefeiert wird[13], dann allerdings kann man von einem spezifischen Charakter als Recht nicht mehr sprechen.« (Neumann 1977, 518) Darum können die Gesetze und die darauf basierenden Gerichtsentscheidungen während der NS-Diktatur nicht als Recht ausgezeichnet werden. Die parlamentarischen Abstimmungen über Gesetzesvorhaben und die Gerichtsprozesse waren damals reine Scheinveranstaltungen. Doch den Schein aufrechtzuerhalten, gehörte zur Strategie der Machterhaltung. Das ist der Tribut des Verbrechens an die Tugend: Weil die Menschen glaubten, dass sie in einem Rechtsstaat leben, sollte dieser Schein aufrechterhalten werden, und so hielt man weiterhin die Rechtsstaatsidee hoch. Auch das diente letztlich natürlich nur der Machterhaltung. »Schließlich nennen sich auch die Sondergerichte von modernen Polizeistaaten Gerichte und fingieren oft genug einen ›due process of law‹[14], indem sie ihm Hohn sprechen, als Farce eines rechtsstaatlichen Verfahrens.« (Schäfer 2006, 208)

Bereits der zum Nachdenken anregende Titel eines weiteren Klassikers einer Analyse des NS-Regimes, *Der Doppelstaat* von Ernst Fraenkel aus dem Jahre 1941, zeigt das an. Nach Fraenkel gab es bei den Nationalsozialisten zwei Systeme: die offizielle Fassade des Rechtsstaates und dahinter ein Willkürsystem. Auch Herlinde Pauer-Studer hat Fraenkels Buch für ihre Analyse zurate gezogen. Sie kommt zu folgendem Ergebnis: »Existierende legale Strukturen verwandelten sich in Instrumente, um illegale Formen von Macht zu etablieren. Manipulation und Propaganda wurden benutzt, um die Brutalität von Maßnahmen wie die Errichtung von Konzentrationslagern und die Eliminierung von jüdischen Bürgern aus offiziellen Positionen und dem öffentlichen Leben zu verschleiern. Das Regime versuchte entschieden, einen *Anschein von Legalität* aufrechtzuerhalten.« (Pauer-Studer 2009, 83; Hervorhebungen nicht im Original) Und dieser Schein von Legalität war es, dem Kelsen erlegen war. Doch er hätte schon früh erkennen können, dass der NS-Staat ein Doppelstaat war. Ein erstes augenfälliges Beispiel für das sich hinter der Fassade des Rechtsstaates Abspielende war das Gesetz zur Wiederherstellung des Berufsbeamtentums, das bereits vom 7. April 1933 datierte. Es enthielt den sogenannten Arierparagrafen, der Juden weitgehend aus dem Beamtenstand ausschloss (vgl. Pauer-Studer 2009, 83 f.), was rein rechtlich unter dem Gesichtspunkt der Gleichbehandlung überhaupt nicht zu vertreten war. Das war pure Ideologie, in Rechtsform gekleidet. Das »fundamentale Prinzip des Rechtsstaates, die Gleichheit vor dem Gesetz, ist nicht mehr anerkannt« (Neumann 1977, 518). So sieht es auch Ronald Dworkin: »Der Regierung der Nazis fehlte jede Legitimität, und es gab keine anderen strukturierenden Prinzipien der Fairneß, die für eine Durchsetzung ihrer Erlasse gesprochen hätten. Es ist daher moralisch gesehen zutreffender, zu bestreiten, daß es sich bei diesen Verordnungen um Recht gehandelt hat. Die mit ihrer Durchsetzung beauftragten deutschen Richter sahen sich allein mit einem prudentiellen und nicht mit einem moralischen Dilemma konfrontiert.« (Dworkin 2012, 696) Hätten die Richter nicht im Sinne der Nationalsozialisten geurteilt, hätten sie sich selbst gefährdet. Darum sei es für sie ein Gebot der Klugheit gewesen, ihnen willfährig zu sein.

Das Naturrecht der Nationalsozialisten in der Selbsteinschätzung nationalsozialistischer Juristen

Die unterschiedlichen Reaktionen auf den Status nationalsozialistischen Rechts deuten auf eine große Unsicherheit bei den Interpreten hin. Bei einer Analyse des nationalsozialistischen Rechts mit dem größeren zeitlichen Abstand von heute lässt sich auch das Verhältnis von Recht und Moral genauer herausarbeiten.

Wenn wir uns zunächst die Selbsteinschätzung der nationalsozialistischen Juristen ansehen, werden wir feststellen, dass es keineswegs der Positivismus war, der es möglich machte, dass Juristen im Sinne der Nationalsozialisten agierten. Die nationalsozialistische Rechtsauffassung war nach dem eigenen Selbstverständnis damaliger Juristen naturrechtlich begründet. Allerdings muss man sagen, dass der Begriff des Naturrechts von den Nazis in verbrecherischer Weise missbraucht wurde. (Vgl. Lahusen 2011, 68) Der nationalsozialistische Rechtstheoretiker Hans-Helmut Dietze schrieb in seiner Habilitationsschrift von 1936, dass der Nationalsozialist Naturrechtler sei. Dann heißt es weiter: »Nicht nur im zwischenstaatlichen Denken wird der Nationalsozialismus vom Naturrecht beherrscht, sondern auch im Begreifen des völkischen Rechtslebens. Somit ›gehört naturrechtliches Denken … zu den Grundlagen der nationalsozialistischen rechtlichen Weltanschauung‹ […].›Der Nationalsozialist ist Naturrechtler, weil das deutsche Volk eine natürliche lebensgesetzlich verbundene Gemeinschaft ist.‹« (Dietze 1936, 110 f.) Auf den folgenden Seiten führt Dietze fast alle nationalsozialistischen Größen mit Zitaten als Zeugen für das naturrechtlich basierte nationalsozialistische Recht auf, darunter Hitler, Rosenberg, Frank, Goebbels, Göring, Ley und auch Rechtswissenschaftler wie Karl Larenz. Auch hier zeigt sich die gänzliche Fehleinschätzung von Radbruch. Nachdem die dem Naturrecht zustimmenden Nazigrößen aufgeführt worden sind, ist bei Dietze von der »Absage an den Positivismus« die Rede. (Dietze 1936, 123) Die Begründung dafür ist folgende: »Weil Gemeinschaft Verbindung aus Wesenswillen ist und weil sich Wesenswille als die Fülle menschlichen Wesens darstellt, ist jede Gemeinschaft von vielgestaltiger Art und vielfältigem Leben. So auch ihr natürliches Recht. Jedes positive Gesetz bedeutet demgegenüber eine Erstarrung, weil eine Festlegung konkreter Entscheidungen und zugleich eine Vorentscheidung künftiger Fälle.« (Dietze 1936, 173) Nun stellt Dietze die Verbindung von positivem Recht und Naturrecht her: »Das positive findet im natürlichen Recht seine unverrückbare Grundlage. Es stellt sich lediglich als Positivierung der natürlichen Rechtsordnung einer Gemeinschaft dar.« (Dietze 1936, 175) Das Naturrecht bildet die Klammer um Recht und Sittlichkeit: »Da das Naturrecht der Gemeinschaft durch den Wesenswillen bestimmt wird, bildet es die Einheit von Recht und Sittlichkeit.« (Dietze 1936, 180) Der Einzelne kann in einem Recht, das so auf Gemeinschaft ausgerichtet ist, keine Rolle spielen: »Die Frage nach subjektiven Rechten im Dritten Reich ist schon falsch gestellt: es ist nicht so, als besitze der Einzelne ›von Natur‹ bestimmte Grund- und Freiheitsrechte; sondern der Einzelne ist von Natur auf die Gemeinschaft angewiesen.« (Dietze 1936, 182) Nun stellt Dietze abschließend noch die Frage, welchen Inhalt das Naturrecht der Nationalsozialisten hat. Die Antwort lautet: »Es [das Naturrecht] wurzelt in den naturhaften Kräften, aus denen alles wirkliche Leben der Natur kommt: im Drängen des Blutes, in den Säften des Bodens und in der Innigkeit gleicher Gesinnung.« (Dietze 1936, 318)

Dem Grundsatz nach in dieselbe Richtung geht das Selbstverständnis eines der führenden Rechtsphilosophen in dieser

Zeit, der nach dem Krieg noch eine maßgebliche Rolle in der Rechtswissenschaft gespielt hat: Karl Larenz. Für ihn galt nicht jedwede, sondern eine bestimmte Art des Naturrechts als Basis für das positive Recht: »Recht ist nach deutscher Auffassung nicht eine Sache willkürlichen Beliebens, auch nicht nur der äußeren Zweckmäßigkeit und Nützlichkeit, sondern eine mit dem sittlichen und religiösen Leben der Gemeinschaft eng verbundene Lebensordnung, die den Einzelnen mit eigenem Geltungsanspruch gegenübertritt und sie innerlich bindet. Damit ist die Meinung des Naturrechts der Aufklärungszeit unverträglich, daß das Recht um der Interessen der einzelnen Menschen willen da sei und durch sie, die Einzelnen, im Wege eines willkürlichen Aktes, eines Vertrages geschaffen werde. Denn mit dieser Begründung auf den Einzelwillen fällt die unableitbare Würde des Rechts, seine Autorität, dahin und der Inhalt des Rechts wird durch sie der willkürlichen Festsetzung und damit den Erwägungen des individuellen Nutzens anheimgegeben.« (Larenz 1934, 5) Das hat nach Larenz folgende Konsequenz: »Die Beziehung des Rechts auf die Gemeinschaft bedeutet endlich, daß der Inhalt eines bestimmten positiven Rechts dem betreffenden Volksgeist, dem sittlichen Bewußtsein, den Sitten des Volkes gemäß sein muß.« (Larenz 1934, 9)

Es hat den Anschein, dass Recht und Moral bei den Nationalsozialisten eine Einheit bilden. Das ist aber nicht der Fall, denn das, was die Nazis als Sittlichkeit ausgaben – der Begriff fällt bei Dietze und Larenz –, ist nicht Moral, sondern Ideologie, auf die im übernächsten Abschnitt eingegangen wird. Zunächst aber zur Rechtsprechung in der NS-Zeit, um auch einen Blick auf die Rechtspraxis zu werfen – und man wird sehen, dass die nationalsozialistische Rechtsprechung das Programm ihrer Rechtstheoretiker punktgenau erfüllte.

Den Verschleierungsversuchen der Nationalsozialisten, die ihre Ideologie mit demokratischen, rechtlichen und moralischen Begriffen tarnten, sind, wie gezeigt, selbst ehrbare Rechtsphilosophen wie Hans Kelsen aufgesessen. Hier nun ein konkreter Fall aus dem Jahre 1938, an dem exemplarisch demonstriert werden kann, wie von den Nazis der »Anschein von Legalität« mit vordergründiger juristischer Argumentationslogik aufrechterhalten werden konnte. (Vgl. dazu Wesel 1992, 146f.) Das nennt Herlinde Pauer-Studer treffend »distortions of normativity«, also Verformung oder Verbiegung des Rechts. (Vgl. Pauer-Studer 2012) Gesetztes Recht wird mithilfe von ideologischem Naturrecht unterlaufen. Es ging in einem Zivilprozess aus dem Jahre 1938 um die Kündigung einer Mieterin, die dagegen den Kündigungsschutz in Anspruch nahm. In diesem Prozess kam ein Gesetz zur Anwendung, das aus dem Jahre 1923 stammte, also nicht von den Nazis erlassen worden war, aber zur NS-Zeit noch in Kraft war. Es handelt sich um das Mieterschutzgesetz (MietSchG). Danach kann der Vermieter nur dann kündigen, wenn sich der Mieter einer erheblichen Belästigung des Vermieters schuldig gemacht hat. Die Belästigung bestand nach Auffassung des Vermieters darin, dass die Mieterin Jüdin war. Doch wieso konnte diese Tatsache eine Belästigung des Vermieters darstellen? Das deutet der Richter so: Zunächst heißt es im Leitsatz des Urteils: »Der deutsche Vermieter hat der deutschen Volksgemeinschaft gegenüber die Pflicht, die Bildung der Hausgemeinschaft und ihre Erhaltung zu sichern.« (Juristische Wochenschrift [JW] 1938, 3045) Die Bestimmung des § 2 MietSchG »soll die Ruhe, den Frieden und die Ordnung im Hause sichern und will den Vermieter berechtigen, Mieter, die in unerträglicher Weise die Ruhe und Ordnung stören, aus dem Hause zu entfernen. § 2 MietSchG dient damit dem Schutz zur Erhaltung der Hausgemeinschaft.« (JW 1938, 3045) Nach der Bestimmung des Gesetzes kann der Vermieter kündigen, wenn er belästigt wird. Der Richter allerdings sieht nicht den Vermieter, sondern die Hausgemeinschaft als belästigt an. Damit identifiziert er kurzerhand Vermieter und Hausgemeinschaft, um ein willfähriges Urteil sprechen zu können.

Nun muss der Richter noch klären, ob die Mieterin etwas getan hat, denn der § 2 MietSchG spricht ausdrücklich von einem Verhalten, mit dem der Vermieter belästigt wird, sodass ihm die Fortsetzung des Mietverhältnisses nicht zugemutet werden kann. Darum argumentiert der Richter im nächsten Schritt folgendermaßen: »Es ist dabei bedeutungslos, ob diese Tatsachen in einem Tun, Unterlassen oder in der persönlichen Eigenschaft des Mieters bestehen.« (JW 1938, 3045) Eine persönliche Eigenschaft stellt also nach Auffassung des Richters ein Verhalten dar. Auf diese Weise wird das Recht verformt oder verbogen.

Nun der dritte Argumentationsschritt: Die Mieterin müsste sich einer Belästigung schuldig gemacht haben. Sie trifft keine Schuld daran, dass sie Jüdin ist. Darum argumentiert der Richter so: »Die Tatsache, daß der Mieter Jude ist, ist von ihm nicht im eigentlichen Sinne verschuldet. Im Sinne des § 2 Mieterschutzgesetz trifft ihn jedoch ein Verschulden. Er ist nicht nur ein Fremdkörper innerhalb der Gemeinschaft der deutschen Hausbewohner, ihm fehlt auch darüber hinaus die notwendige innere Einstellung zu einer Gemeinschaft mit Deutschen.« (JW 1938, 3045)

Zu guter Letzt hätte noch eine Fristenbestimmung der Entscheidung des Gerichts entgegenstehen können, der Aufhebung des Mietverhältnisses stattzugeben, denn nach § 2, Abs. 3 MietSchG hätte der Vermieter binnen sechs Monaten nach Kenntnisnahme des Aufhebungsgrundes Klage erheben müssen. Der Vermieter wusste aber von Beginn des Mietverhältnisses an, dass die Mieterin Jüdin war. Diese Klippe wird nun argumentativ geschickt folgendermaßen umschifft: »Der Grund für die Aufhebung ist bei der Beklagten die Eigenschaft der Beklagten als Jüdin und die Unmöglichkeit, mit ihr

eine Hausgemeinschaft zu bilden. Es handelt sich dabei um einen Dauerzustand, so daß die Frist des § 2 Abs. 3 MietSchG nicht in Lauf treten kann.« (JW 1938, 3045) Ein Dauerzustand unterliegt logischerweise keiner Fristenbestimmung. So kommt unter dem Deckmantel juristischer Argumentation ein willfähriges Urteil zustande. – Wie schon gesagt, waren die Gerichtsprozesse der Nationalsozialisten reine Scheinveranstaltungen. Aber den Schein eines rechtsstaatlichen Verfahrens aufrechtzuerhalten, gehörte im NS-Regime zur Strategie der Machterhaltung.
Was an dieser Rechtsprechungspraxis, repräsentiert durch ein zivilrechtliches Urteil, auffällt, ist ihre Übereinstimmung mit der Rechtstheorie jener Zeit. Für Dietze und Larenz wird die Gemeinschaft als Zentrum naturrechtlich begründet. In der Rechtsprechung wird die Gemeinschaft, sei es die Hausgemeinschaft oder die Gemeinschaft der Deutschen, dem Richterspruch zugrunde gelegt. Die Gemeinschaft steht gegen den Einzelnen und somit gegen das subjektive Recht der Aufklärungszeit, wie Larenz betont. Die Gemeinschaft saugt den Einzelnen auf. Damit ist auch klar, dass gegen die subjektiven Interessen entschieden werden muss, wenn sich eine Einzelne aufgrund ihrer Eigenschaft, Jüdin zu sein, selbst aus der Gemeinschaft ausschließt.

Ideologie

Mit juristischer Argumentationsweise wurde in dieser Mietrechtsentscheidung von 1938 die Ideologie der Nazis verschleiert, sodass noch heute Rechtsphilosophen auf diesen Schein hereinfallen und behaupten, das Nazirecht wäre Recht. Nun muss noch geklärt werden, was Ideologie ist und was sie von der Moral unterscheidet.
Unter »Moral« verstehen wir das Ensemble von Regeln, die angesichts der Verletzbarkeit der Menschen diejenigen schützen sollen, die vom Handeln anderer betroffen sind. Wichtig

in Abgrenzung zur Ideologie ist dabei, dass kein Mensch von der moralischen Gemeinschaft ausgeschlossen ist, dass also jeder einen Anspruch auf diesen Schutz hat. Das ist bei Ideologien anders. Speziell die NS-Ideologie schloss Juden aus der Gemeinschaft aus, wie an dem Urteil von 1938 zu sehen war: Einem Juden fehle »die notwendige innere Einstellung zu einer Gemeinschaft mit Deutschen«, hieß es darin. Darum wurde er von dieser Gemeinschaft ausgeschlossen bzw. schloss sich nach Ansicht der Nationalsozialisten selbst aus.
Die allgemeinen Merkmale einer jeden Ideologie sind die folgenden:

(1) Sie geht davon aus, dass die Welt ursprünglich in Ordnung war.
(2) Die Gegenwart ist einem solchen Denken zufolge dekadent geworden. Das kann entweder begründet werden oder es wird als evident angenommen. Die Schuld für die behauptete Dekadenz trugen nach Ansicht der Nationalsozialisten die Juden.
(3) Das auf Ideologie basierende politische Handeln will den ursprünglichen Zustand wiederherstellen oder zu einer besseren Welt führen. Für die Nationalsozialisten bestand diese in einem biologisch sauberen Deutschland.

Diese drei Merkmale sind generell die einer jeden Ideologie. Ideologie ist demnach immer Heilsversprechen, Eschatologie.
Mittels der Ideologie wird die Moral vollständig ausgeschaltet. Das wollte Hitler. Er wollte mit der jüdisch-christlichen Tradition, in der das Morden und Quälen von Menschen moralisch und rechtlich geächtet wird, brechen. Die Juden, die diese moralische Tradition vor mehr als zweieinhalb Jahrtausenden begründet hatten, sollten selbst verschwinden. Noch radikaler kann man die Moral nicht auslöschen. Das Recht auf Tötung und Folterung sollte wiederhergestellt werden. (Vgl. Zimmermann 2005, 36) Hitler wollte, wie Hannah

Arendt es ausdrückte, »die Negation der Moral als solcher«, die »Umkehrung der Zehn Gebote«, und nicht den nur punktuellen Verstoß gegen moralische Regeln etablieren und als erlaubt rechtfertigen. (Arendt 2006, 13, 16) Und diese ideologische Umkehrung ist den Nationalsozialisten partiell gelungen. Ideologie ist vor allem dann wirkungsvoll, wenn man sie mit einer Moralfassade verkleidet. Das machten die Nazis mit ihren »pervertierte[n] Vorstellungen von Ethos, Pflicht, Ehre, Loyalität, Tapferkeit, Ehrlichkeit und Aufrichtigkeit. Ein Beispiel ist der Ehrenkodex, der innerhalb der SS existierte.« (Pauer-Studer 2009, 88) In der bekannten Posener Rede vom 4. Oktober 1943 bezeichnete Himmler diejenigen SS-Männer als »moralisch anständig«, die angesichts der von ihnen produzierten Leichen nicht schwach geworden waren, die sich keinen »Humanitätsduseleien« hingaben. Diese Rede gipfelte in dem ideologischen Satz: »Wir hatten das moralische Recht, wir hatten die Pflicht gegenüber unserem Volk, dieses Volk [gemeint sind die Juden], das uns umbringen wollte, umzubringen.« (Himmler 1943)

Wie erreicht man eine solche Einstellung? Nimmt man die Welt mit ideologischen Klischees wahr und äußert sich mithilfe solcher Floskeln, verstellt sich einem der Blick auf die Realität. Darin kann man die Funktion jeder Ideologie erblicken. Sie »emanzipiert sich also von der Wirklichkeit, so wie sie uns in unseren fünf Sinnen gegeben ist, und besteht ihr gegenüber auf einer ›eigentlicheren‹ Realität, die sich hinter diesem Gegebenen verberge, es aus dem Verborgenen beherrsche und die wahrzunehmen wir einen sechsten Sinn benötigen. Den sechsten Sinn vermittelt eben die Ideologie [...].« (Arendt 1986, 964) Das kann man an einem Zitat aus dem Sassen-Interview mit Eichmann gut nachvollziehen. (Vgl. Wojak 2001, 63 f.) Darin häufen sich die Floskeln. Eichmann spricht davon, dass er ein fanatischer Kämpfer für die Freiheit seines Blutes sei, dass für ihn heiliger Befehl sei, was seinem Volke nütze, dass er sich der Vorsehung unterzuordnen habe. Das ist reine NS-Ideologie, die zu einer völlig anderen Realitätswahrnehmung führt. Sie hat nach Arendt die Funktion, sich »gegen die Wirklichkeit abzuschirmen« (Arendt 1978, 14). Auch dass Eichmann es sich als Niederlage anrechnet, die »Endlösung« mit 10,3 Millionen ermordeten Juden nicht komplett realisiert zu haben, ist pure Ideologie, die zu einer gestörten Realitätswahrnehmung führt.

Festzuhalten ist, dass eine Ideologie die Moral vollständig ersetzen kann, insbesondere in ihrem Verhältnis zum Recht. Ja, ein gänzlich ideologisiertes Naturrecht vermag dem Recht eine Basis zu geben, die bis in die Einzelentscheidungen hinein mit seinem Gemeinschaftsbegriff durchschlägt. Die enge Bindung von ideologischem Naturrecht mit Rechtssetzung und Rechtsprechung war in der NS-Zeit Realität. Nationalsozialistisches Recht wurde demnach keineswegs durch den Rechtspositivismus möglich, wie Radbruch und andere, ihm folgende Rechtsphilosophen unmittelbar nach dem Ende der Naziherrschaft noch angenommen hatten.

Zusammenfassender Überblick zum Rechtspositivismus und Naturrecht

Bei den antiken Philosophen war die Bezugnahme auf das Naturrecht nicht immer klar und eindeutig. Eindeutig aber ist, dass Sokrates, Platon und Aristoteles die Identität von Recht und Moral postulierten. In Sophokles' *Antigone* wird der Konflikt zwischen Naturrecht und positivem Recht offen ausgetragen, wohingegen nach Aristoteles' Ansicht beide nebeneinander bestehen können. Die Probleme, die im Verhältnis von Moral und Recht entstehen, werden bei Aristoteles durch die Einführung des Billigkeitsgedankens gelöst. Der Begriff »Billigkeit« verweist auf die Fähigkeit des Richters, angesichts abstrakter positiver Gesetze im Einzelfall, der jedes Mal anders liegt, angemessen zu urteilen. Dazu bedarf es einer moralischen Fähigkeit, der personalen praktischen Urteilskraft. Hugo Grotius und Ernst Bloch sind reine Naturrechtler. Bei ihnen finden wir die zwei hier vorgestellten Ausprägungen des Verhältnisses von Naturrecht zum positiven Recht. Bei dem einen ist das Naturrecht die Basis des positiven Rechts (Grotius), aber auch Korrektiv, bei dem anderen hat das Naturrecht allein korrigierende Funktion gegenüber dem positiven Recht (Bloch).

Mit dem Individualisierungsprozess ändert sich die Aufgabenstellung für die Rechtsphilosophen gänzlich. Jetzt muss die Frage beantwortet werden, wie denn die vereinzelten Individuen zum staatlichen Zusammenleben finden und wie diese Gemeinschaft Bestand haben kann. Hegels genialer Gedanke ist, dass die Antwort in der wechselseitigen Anerkennung der Einzelnen liegt, die gleich in ihrer Verschiedenheit sind. Nur auf der Basis schon bestehender eingelebter Selbstverständlichkeiten der Sittlichkeit können moralische und rechtliche Normen ihre Kraft entfalten. Recht und Moral sind verschiedene Hervorbringungen der bereits bestehenden Sittlichkeit; sie bilden aber insofern eine Identität, als sie gleichermaßen aus der Sittlichkeit entspringen. »Was der Mensch tun müsse, [...] ist in einem sittlichen Gemeinwesen leicht zu sagen, – es ist nichts anderes von ihm zu tun, als was ihm in seinen Verhältnissen vorgezeichnet, ausgesprochen und bekannt ist.« (Hegel 1969 ff., Bd. 7, § 150, S. 298) Damit ist Sittlichkeit zugleich definiert. Hegel ist im Übrigen der Auffassung, dass die Unterscheidung von Naturrecht und positivem Recht ein Missverständnis sei.

Mit Carl Gottlieb Svarez ändert sich die Funktion des Naturrechts. Dessen Prinzipien sollen in das kodifizierte Recht eingehen. Bemerkenswert ist das Gewicht, das Svarez auf die Prozessordnung legt. Diese spielt eine nicht zu unterschätzende Rolle in einer individualisierten Gesellschaft, um alle Menschen gleichzustellen und damit für die Manifestierung von Gerechtigkeit und Moral im heutigen Recht zu sorgen, worauf noch zurückzukommen sein wird.

Die so unterschiedlichen Ausprägungen des Naturrechts bedeuten eine Unsicherheit in der Einschätzung dessen, was rechtlich richtig ist. Darum wollen sich die Rechtspositivisten ausschließlich dem kodifizierten Recht, den empirisch feststellbaren Rechtssätzen, Rechtsgrundsätzen und dem Richterrecht widmen. Mit dem bestehenden Recht beschäftigte sich auch Karl Marx, der gemeinhin nicht als Rechtspositivist in Erscheinung trat. Er stellte fest, dass das Recht auf der Zirkulationsebene angesiedelt ist. Dort ist es gerecht. Es müsse aber in die Produktionssphäre durchgreifen, damit auch dort gerechte Bedingungen hergestellt werden können und damit man von gerechtem Recht sprechen kann.

Das nationalsozialistische Recht ist ideologisiertes Naturrecht. Es wurzelt nach Aussage des nationalsozialistischen Rechtstheoretikers Hans-Helmut Dietze »in den naturhaften Kräften, aus denen alles wirkliche Leben der Natur kommt: im Drängen des Blutes, in den Säften des Bodens und in der Innigkeit gleicher Gesinnung« (Dietze 1936, 318). Im Mittelpunkt dieses ideologischen Naturrechts steht die Gemeinschaft. Auffallend ist, wie sehr die Rechtsprechung der damaligen Zeit mit der Rechtstheorie übereinstimmt und ihre Vorgaben umsetzt. Dabei wird zwar vordergründig juristisch argumentiert, doch die Grundlage des Urteils ist die Gemeinschaft, die Kern des ideologischen Naturrechts ist; sei es nun die Hausgemeinschaft oder die Gemeinschaft der Deutschen, aus denen man aufgrund seiner Eigenschaft, jüdischen Glaubens zu sein, ausgeschlossen ist. In der Tat sind darum die Rechtsprechung und die Rechtsetzung nichts anderes als die Realisierung des Führerwillens. Nicht der Rechtspositivismus ermöglichte NS-Recht, sondern ideologisches Naturrecht, das gesetztes Recht unterläuft.

3. Das Verhältnis von Recht und Moral in der Gegenwart

Im Zentrum der Rechtsphilosophie von Ronald Dworkin (1931–2013) steht das Verhältnis von Recht und Moral. Ausgangspunkt war ein Erlebnis, das er in seinem Buch *Justice in Robes* wiedergibt und das Habermas folgendermaßen beschreibt und interpretiert:

> »›Zu seiner Zeit als Richter am Supreme Court nahm Holmes auf seinem Weg zum Gerichtshof den jungen Learned Hand‹ – der später Dworkins Lehrer wurde – ›in seinem Wagen mit. Hand stieg, an seinem Fahrtziel angelangt, aus, winkte und rief munter hinter dem weiterfahrenden Auto her: ‚Sorgen Sie für Gerechtigkeit, Richter Holmes.' Holmes ließ den Fahrer den Wagen stoppen und zum überraschten Hand zurückkehren, um sich mit den Worten aus dem Fenster zu lehnen: ‚That's not my job.' Anschließend kehrte der Wagen wieder um und beförderte Holmes zu seiner Arbeit, die angeblich nicht darin bestand, für Gerechtigkeit zu sorgen.‹ Dworkin will mit dieser Geschichte eine Frage veranschaulichen, die ihn ein Leben lang beschäftigt: Welchen Einfluß dürfen, ja sollen und müssen die moralischen Überzeugungen eines Richters auf dessen Rechtsprechung haben?« (Habermas 2008, 66)

Nach Richter Holmes sind Recht und Moral zwei verschiedene Universen, die keinen Einfluss aufeinander haben. Zu prüfen ist, ob man diese Auffassung in der gegenwärtigen Rechtspraxis und in der heutigen Rechtsphilosophie so wiederfinden kann.
Es würde gegen geltendes Verfassungsrecht verstoßen, bei

rechtlichen Entscheidungen die Unterscheidung zwischen Recht und Moral nicht zu beachten, denn nach Artikel 20, Absatz 3 des Grundgesetzes ist »die Rechtsprechung [...] an Gesetz und Recht gebunden« – und nicht an moralische Normen. (Vgl. Vogel 1998, 36) Außerdem hat nach Artikel 101 des Grundgesetzes jeder das Recht auf seinen gesetzlichen Richter. Und dieser ist kein Experte in Moralfragen, sondern geschult in Rechtsfragen. »Das Recht hatte sich restlos den Händen staatlich geprüfter Experten anvertraut, die über die nötige Qualifikation verfügten. [...] Schon Institutionen, Habitus und Betriebswissen verengen die Kontingenzräume des positiven Rechts erheblich, etwa durch den Initiationsritus der beiden Staatsexamina, die Konditionierung des Referendariats, über Richterfortbildung, Richterbeförderung, Instanzenweg, Kollegialgerichte, Gerichtsöffentlichkeit oder Begründungszwang.« (Lahusen 2011, 117, 135)
Die gesetzliche Verengung von Spielräumen, moralische Gesichtspunkte bei gerichtlichen Entscheidungen ins Spiel zu bringen, führt in der Rechtsprechung zu folgender Konsequenz: »Der Betreiber eines Kraftwerks, das die Umwelt verschmutzt, mag dafür eine einwandfreie Genehmigung haben. Er handelt rechtmäßig, aber unmoralisch. Wenn sich umgekehrt Atomwaffengegner vor Raketenstellungen auf die Straße setzen, so verstößt ihr Protest gegen das Recht, hat aber die Moral auf seiner Seite.« (Wesel 1996, 388 f.) Insofern kann ein Richter die Handlung eines Angeklagten unter dem moralischen Gesichtspunkt billigen und ihn dennoch rechtlich korrekt verurteilen.
Ungeachtet dessen besteht das Recht für viele Rechtsphilosophen nicht ohne Verbindung zur Moral, wie noch zu sehen sein wird. Der kategorische Rechtsimperativ Kants verpflichtet in der bekannten Formulierung das Recht auf die Moral: »Das Recht ist [...] der Inbegriff der Bedingungen, unter denen die Willkür des einen mit der Willkür des andern nach einem allgemeinen Gesetze der Freiheit zusammen vereinigt werden kann.« (*Einleitung in die Rechtslehre*, AB 33) Das all-

gemeine Gesetz der Freiheit ist bei Kant der kategorische Imperativ, ein moralisches Prinzip also, das für ihn den rechtlichen Regulierungen zugrunde liegen soll.

Die Rechtspraxis

Bevor die Theorien bedeutender Rechtsphilosophen der Gegenwart vorgestellt werden, soll hier kurz auf die Rechtspraxis eingegangen werden, um zu zeigen, wie das Verhältnis von Recht und Gerechtigkeit dort gehandhabt wird. Das Recht ist ein Hybridsystem, es ist einerseits akademische und andererseits angewandte Wissenschaft, die aus Rechtsprechung und Rechtsanwendung besteht. Darum ist es notwendig, sich neben der Rechtsphilosophie auch die Rechtspraxis anzusehen.

Es kommt bei gerichtlichen Entscheidungen immer wieder zu Konflikten zwischen Recht und Moral. Der Frankfurter Polizeivizepräsident Wolfgang Daschner hatte den Kommissar Ortwin Ennigkeit angewiesen, dem Angeklagten Magnus Gäfgen als letztes Mittel körperliche Zwangsmaßnahmen, also Folter, anzudrohen, um den Aufenthaltsort des Entführungsopfers in Erfahrung zu bringen. Daschner wollte dadurch das Leben des von Gäfgen entführten Kindes, Jakob von Metzler, retten. Er konnte nicht wissen, dass der Junge zu diesem Zeitpunkt schon nicht mehr lebte. Daschner berief sich bei seiner Verteidigung auf den schuldausschließenden übergesetzlichen Notstand, weil zwei Rechtsgüter kollidierten. Von den Richtern wurde der übergesetzliche Notstand nicht anerkannt. Sie argumentierten, dass es mildere Mittel als die Folterandrohung gegeben hätte, um das Leben des entführten Kindes zu retten, zum Beispiel die Konfrontation des Täters mit der Schwester des Opfers, die zum Kreis von Gäfgens Bekannten gehörte. Die Richter mussten Daschner verurteilen, ließen sich bei der Strafzumessung aber von moralischen Gesichtspunkten leiten und bewerteten deshalb die Absicht

Daschners, das Kind zu retten, als einen Umstand, der für den Beschuldigten spricht. Darum urteilten die Richter mit einem Strafmaß an der untersten Grenze und verwarnten Daschner mit Strafvorbehalt nach § 59 StGB mit einer Bewährungszeit von einem Jahr. Aufgrund des Fristablaufs der Bewährungszeit wurde der Strafvorbehalt gegenstandslos und damit dann die Strafe nach dem *Gesetz über das Bundeszentralregister* erlassen. – Deutlich wird also, dass Richter mit der rein rechtlichen Bewertung nicht zufrieden sind, sondern durchaus moralische Gesichtspunkte bei der Strafzumessung zum Tragen bringen.
Es kommt bei gerichtlichen Entscheidungen immer wieder zu Konflikten zwischen Recht und Moral. In einer Entscheidung des Oldenburger Landgerichts wurde eine Blockadeaktion von Greenpeace gegen das Dünnsäure-Verklappungsschiff »Kronos Titan« Ende Mai 1988 als moralisch geboten, doch widerrechtlich gekennzeichnet, denn – so der Richter Gerhard Gärtner in der mündlichen Verhandlung – es sei für den Bürger nicht zu fassen, dass weiterhin Gift und Müll in die Nordsee gekippt und die Umwelt auf diese Weise belastet würde. (Neue Presse Hannover, 28.07.1988) »Aus rechtlicher Sicht ist es für einen Richter zwingend, das Gesetz zu beachten, selbst wenn er es für falsch hält.« (Weyers 2012, 52)

Die Rechtsphilosophie

Ronald Dworkin

Für Ronald Dworkin war die Geschichte von Richter Holmes so beeindruckend, dass für ihn das Verhältnis von Recht und Moral bis zu seinem Lebensende ein zentrales Thema seiner Rechtsphilosophie war. Dworkin geht in einer früheren Phase der Entwicklung seiner Theorie davon aus, dass in rechtlichen Entscheidungen moralische Prinzipien Berücksichtigung finden. Eines dieser Prinzipien, das er anführt und das im Urteil des Court of Appeals of New York 1889 im Fall Riggs gegen Palmer zum Zuge gekommen ist, lautet: Niemand darf aus seinem eigenen Vergehen einen Nutzen ziehen. In dem genannten Fall hatte ein Mann Angst um sein Erbe, als sein Großvater eine junge Frau heiratete. Darum brachte er seinen Großvater um. Wegen des genannten, aus dem Gewohnheitsrecht stammenden Prinzips wurde dem Mörder dann die Erbschaft abgesprochen. (Vgl. Dworkin 1984, 56f.) »Der Ursprung dieser Prinzipien als Rechtsprinzipien«, schreibt Dworkin, »liegt nicht in einer bestimmten Entscheidung einer gesetzgebenden Körperschaft oder eines Gerichts, sondern in einem Sinn für Angemessenheit. [...] Der fortdauernde Einfluß der Prinzipien hängt davon ab, daß dieser Sinn für Angemessenheit aufrechterhalten wird.« (Dworkin 1984, 82) Die direkte Anwendung des Rechts geschieht nach Rechtsregeln, richterliche Entscheidungen kommen aufgrund von Prinzipien zustande, die zu angemessenen und damit gerechten Entscheidungen führen. Angemessenheit, gedacht als Ergebnis praktischen Urteilens, war schon bei Aristoteles für die Möglichkeit gerechter Entscheidungen unverzichtbar. Er sprach, wie oben erwähnt, am Ende des 14. Kapitels vom fünften Buch der *Nikomachischen Ethik* von der Angemessenheit oder Billigkeit (epieikeia), die eine Art Gerechtigkeit sei.

Später dann gelangte Dworkin zu der Einsicht, dass die Annahme, Recht und Moral seien zwei unterschiedliche Systeme, selbst schon ein Teil des Problems sei. (Vgl. Dworkin 2012, 680) »Verstehen wir Recht und Moral erst einmal als voneinander getrennte Normensysteme, dann gibt es keinen neutralen Standpunkt, von dem aus die Verbindungen zwischen diesen beiden vermeintlich getrennten Systemen beurteilt werden könnten.« (Dworkin 2012, 680) Dworkin sieht das Recht seither als einen Zweig der Moral an. »Die Moral sollte grundsätzlich als baumartige Struktur verstanden werden, wobei das Recht ein Zweig der politischen Moral ist, die selbst vom Ast der allgemeineren persönlichen Moral abgeht, die wiederum aus der noch abstrakteren Theorie der gelungenen Lebensführung herauswächst.« (Dworkin 2012, 20) Der Zweig des Rechts wächst aus der Moral als dem Stamm heraus. Dworkin geht von der Einheit der Werte aus, die in der Moral und im Recht dieselben seien.

Herbert Lionel Adolphus Hart

Herbert Lionel Adolphus Hart war Lehrer von Dworkin, von dem Letzterer sich später allerdings kritisch absetzte. Harts Konzeption wird hier nur kurz präsentiert, da sie oben bereits unter dem Rubrum des Rechtspositivismus dargestellt wurde. Für Hart ist das Recht seiner Struktur nach bereits gerecht und somit moralisch: »Es läßt sich [...] nicht leugnen, daß ein wesentliches Element im Begriff der Gerechtigkeit der Grundsatz der Gleichbehandlung ist. Das ist die Gerechtigkeit in der Anwendung des Rechts, nicht die Gerechtigkeit des Rechts. So liegt schon allein im Begriff des aus allgemeinen Regeln bestehenden Rechts etwas, das uns daran hindert, das Recht so zu behandeln, als wäre es moralisch völlig neutral und ohne jeden notwendigen Berührungspunkt mit moralischen Grundsätzen.« (Hart 1971, 50) An anderer Stelle stützt Hart seine These, wenn er sagt, dass rechtliche Regeln inhaltlich mittels moralischer Prinzipien ausgedeutet werden. »Das Recht spiegelt die Moral.« (Hart 1994, 204) Und außerdem sei die Gerechtigkeit den Verfahrensstandards inhärent. »In der bloßen Vorstellung von der Anwendung einer generellen Regel liegt der Keim der Gerechtigkeit«, sagt Hart. (Hart 1994, 206) Englische und amerikanische Juristen nennen die Verfahrensstandards »natürliche Gerechtigkeit«. (Hart 1994, 206) In den Verfahrensstandards liegt nach Hart demnach die innere Sittlichkeit des Rechts. (Vgl. Hart 1994, 206 f.) Nun wird Luhmanns Frage verständlich, warum »es neben dem Recht noch Gerechtigkeit geben solle« (Luhmann 2013, 154). Diese rhetorisch gemeinte Frage verdeutlicht aber auch das zur Bedeutung des Verfahrensrechts Gesagte.

Bei uns heißt es in einem Urteil des Bundesverfassungsgerichts: »Das Verfahrensrecht dient der Herbeiführung gesetzmäßiger und unter diesem Blickpunkt richtiger, aber darüber hinaus auch im Rahmen dieser Richtigkeit gerechter Entscheidungen.« (Zöllner 2001, 15) Die Richter sind also der Auffassung, dass Gesetzmäßigkeit, Richtigkeit (Moral) und Gerechtigkeit durch das Verfahrensrecht realisiert werden.

Jürgen Habermas

Jürgen Habermas (geb. 1929) sieht ebenfalls den Zusammenhang von Recht und Moral: Das Recht muss »in Einklang stehen mit moralischen Grundsätzen« (Habermas 1992, 344). Nach seiner Auffassung hat das Recht in der modernen Welt eine Entlastungsfunktion für die Moral, und das in dreierlei Hinsicht: in kognitiver, motivationaler und organisatorischer Hinsicht.

(1) Die kognitive Hinsicht: Der moralisch handelnde Mensch muss sich in Entscheidungssituationen selbst ein Urteil bilden. Das Recht hingegen sagt sehr eindeutig, was verboten und was erlaubt ist. Das sei die erste der drei Entlastungen, die das moderne Recht der Moral zu bieten hat. Innerhalb des Rechtes gibt es keine Widersprüche. Das wurde am Anfang mit dem vierten der genannten Merkmale, die das Recht von der Moral unterscheiden, dargestellt: Es gibt hier keine Dilemmata; vielmehr ist stets eindeutig geregelt, was gilt.

(2) Die motivationale Hinsicht: Man muss die moralische Norm nicht nur kennen, sondern zudem motiviert sein, nach ihr zu handeln. Trotz Kenntnis der moralischen Regel kann die Motivation fehlen, nach ihr zu handeln. Man soll beispielsweise jemandem helfen, der angegriffen wird und in Not ist. Das weiß man auch. Doch weil man beispielsweise Angst hat, selbst angegriffen zu werden,

oder aus anderen Gründen fehlt die Motivation, seiner moralischen Pflicht nachzukommen. Im Recht wird die Motivation durch die Strafandrohung ersetzt. Will man Strafe vermeiden, handelt man den rechtlichen Normen entsprechend.

(3) Die organisatorische Hinsicht: Angesichts der Armut und des Hungers in der Welt haben wir die positive moralische Pflicht, zu helfen und andere Menschen in der Welt vor dem sicheren Tod zu bewahren. (Vgl. Horster 2009, 96 f.) »Die Umleitung von Nahrung und Medikamenten, Bekleidung und Infrastrukturen übersteigt bei weitem Initiative und Handlungsspielraum von Individuen«, so Jürgen Habermas. Das Recht hingegen »kann Kompetenzen festlegen und Organisationen gründen, kurz ein System von Zurechnungen herstellen, das sich nicht nur auf natürliche Rechtspersonen, sondern auf fingierte Rechtssubjekte wie Körperschaften und Anstalten bezieht« (Habermas 1992, 149).

Diese drei Entlastungen erfährt laut Habermas der moralisch geforderte Akteur durch das Recht. Hier wird nicht nur eine Komplementarität von Moral und Recht sichtbar, vielmehr erkennt Habermas die Übernahme von Funktionen der Moral durch das moderne Recht. Letzteres wird von ihm als erwartungsstabilisierende Ergänzung zur Moral eingeführt.

Diese enge Verbindung von Recht und Moral erläutert Habermas in einer späteren Publikation aus einer etwas anderen Perspektive, bei der er ebenfalls zur Konstatierung eines engen Zusammenhangs von Recht und Moral kommt: Die Moral wird durch die Kodifizierung in Menschenrechte nach seiner Ansicht in zwingendes Recht übersetzt, in der es »in der robusten Gestalt effektiver Grundrechte politische Wirklichkeit werden kann« (Habermas 2011, 22). Und dann schreibt er weiter: »Der Begriff der Menschenrechte verdankt sich einer unwahrscheinlichen Synthese aus diesen beiden Elementen [Recht und Moral].« (Habermas 2011, 23)

Robert Alexy (geb. 1945) thematisiert ebenso wie Habermas das Verhältnis von Recht und Moral anhand der Menschenrechte. Allgemein zum Verhältnis von Recht und Moral sagt er, dass es bestimmte Rechte gibt, die jedem gegenüber als moralisch begründbar gelten. Es sind zunächst die drei Typen der Grundrechte, die in Artikel 1–19 des Grundgesetzes festgehalten sind. Hierbei handelt es sich nach seiner Ansicht um nichts anderes als die Aufnahme der Menschenrechte in die Verfassung. (Vgl. Alexy 1998, 259) Es gibt in dieser Hinsicht allerdings durchaus eine andere Auffassung. So schreibt Héctor Wittwer: »Angesichts der Tatsache, dass einerseits die Menschenrechte als ›unveräußerlich‹ bezeichnet werden und dass andererseits zumindest einige Grundrechte gemäß Art. 18 Abs. I verwirkt werden können, ist davon auszugehen, dass der Gesetzgeber begrifflich zwischen Menschen- und Grundrechten unterschieden hat. Die Menschenrechte werden als ›Grundlage jeder menschlichen Gemeinschaft‹ bezeichnet. Dasjenige, was Grundlage eines anderen ist, ist nicht Teil desselben. Demzufolge sind die Menschenrechte kein Bestandteil des deutschen Rechtssystems. Dies unterscheidet sie von den in Abs. 3 genannten Grundrechten, die als ›unmittelbar geltendes Recht‹ alle drei staatlichen Gewalten in der Bundesrepublik binden.« (Wittwer 2011, 179 f.) Das ist eine durchaus logische Einlassung, denn etwas, was unveräußerlich ist, wie die Menschenrechte, kann in der Tat nicht verwirkt werden, wie dies bei den Grundrechten nach Artikel 18 GG aber der Fall ist. Verwirkt werden können Grundrechte, sofern jemand eine Gefahr für die freiheitlich-demokratische Grundordnung darstellt. Menschen- und Grundrechte können somit nicht identisch sein.

Doch zurück zu Alexy, der sich auf verschiedene Arten der Grundrechte bezieht. Es sind zunächst diese drei: Abwehr-, Vornahme- und Mitwirkungsrechte. Alexy nennt die beiden letzten Schutzrechte und politische Rechte. Ganz gleich, wie man sie bezeichnet, gemeint ist jedenfalls Folgendes: Die Abwehrrechte sollen den individuellen Gestaltungswillen des Bürgers vor Eingriffen des Staates schützen. Sie begrenzen den Handlungsspielraum staatlicher Organe. Vornahmerechte sind solche, die ein Recht auf Vornahme staatlicher Handlungen begründen können, die demnach den Schutz vor Eingriffen Dritter garantieren. Der Staat übernimmt eine Schutzpflicht gegenüber seinen Bürgern. Der Störer muss vom Staat gezwungen werden, seine Störung zu unterlassen. Beliebtes Beispiel ist, dass der Staat gegen den nächtlichen Ruhestörer vorgehen muss. Mitwirkungsrechte sind solche, die dem Einzelnen die Möglichkeit geben, an der Gestaltung des Gemeinwesens mitzuwirken, beispielsweise indem er an demokratischen Wahlen teilnimmt. Neben diesen führt Alexy noch zwei weitere an, zum einen »soziale Rechte, welche das Existenzminimum absichern; und [...] Verfahrensrechte, die die Durchsetzung der in (1) bis (4) genannten Rechte gewährleisten« (Alexy 1998, 251). Die Absicherung des Existenzminimums dient dazu, in Würde leben zu können, ganz wie es Friedrich Schiller in seinem berühmten Epigramm festgehalten hat: »Zu essen gebt [dem Menschen], zu wohnen, habt ihr die Blöße bedeckt, gibt sich die Würde von selbst.« (Schiller 1980, 248) Und die Grundrechte bilden nach Auffassung der Autorinnen und Autoren des Grundgesetzes die Basis, »auf denen die Würde des Menschen beruht« (Wittwer 2011, 185). Und nicht umgekehrt. Es ist also nach Auffassung der Mütter und Väter des Grundgesetzes nicht so, dass die Menschenwürde die Basis für die Grundrechte ist, sondern umgekehrt. Alexy nennt einen äußerst gewichtigen Grund – der dem habermasschen Argument nicht unähnlich ist –, warum mittels der Menschenrechte Moral in Recht transformiert wird: Es sei nämlich nicht gewährleistet, dass die bloße moralische Geltung »stets ein entsprechendes Verhalten aller garantiert. Das ist das Hauptargument für die Transformation der Menschenrechte in positives Recht [...].« (Alexy 1998, 255) Erst die Transformation von Moral in die Rechtsnormen der Menschenrechte verbürgt das moralische Verhalten aller. Ergänzend sei wichtig, dass die Geltung der Grund- bzw. Menschenrechte durch ein Verfassungsgericht abgesichert wird. Damit ist der Gesetzgeber an die Grund- und Menschenrechte gebunden und kann zudem kontrolliert werden. (Vgl. Alexy 1998, 261 f.)

Norbert Hoerster

Norbert Hoerster (geb. 1937) sieht den Zusammenhang von Recht und Moral noch wieder anders und fragt, ob es eine moralische Pflicht zum Rechtsgehorsam gebe. (Vgl. Hoerster 1987, 129) Er bejaht diese Frage unter Bezugnahme auf Sokrates im bereits erwähnten Dialog *Kriton*. Hoerster argumentiert so, dass der Staat die »fundamentalen Güter und Interessen (wie Leben, körperliche Integrität, Bewegungs- und Handlungsfreiheit)« des einzelnen Bürgers schütze. Darum sei im Regelfall kein Bürger »an einem Zusammenbruch staatlicher Ordnung [...] interessiert [...]. Das heißt aber, daß er Verhaltensweisen ablehnen muß, die zu einem solchen Zusammenbruch führen. Er muß es also auch ablehnen, wenn seine Mitbürger den Respekt vor dem geltenden Recht verlören [...].« (Hoerster 1987, 136 f.) Aus dieser interessengeleiteten Moral ergibt sich für Hoerster die moralische Pflicht zum Rechtsgehorsam. (Vgl. Hoerster 1987, 139)

Niklas Luhmann

Um das Verhältnis von Gerechtigkeit und Recht bei Niklas Luhmann (1927–1998) zu klären, ist die Kenntnis seiner Systemtheorie unabdingbare Voraussetzung. Darum eine kurze Charakterisierung vorweg: Der Ausgangspunkt seiner Systemtheorie ist die immer komplexer werdende Gesellschaft, die für die Aufrechterhaltung ihrer Funktionsfähigkeit Subsysteme ausbilde. Sie stünden für eine Art sozialer Arbeitsteilung und übernähmen abgegrenzte Aufgaben. So hätten wir ein Rechtssystem, ebenso wie ein Erziehungs- und Wissenschaftssystem. Jedes einzelne System habe bestimmte Funktionen zu erfüllen und jedes einzelne sei für die Erhaltung der Gesellschaft unverzichtbar. Eine Gesellschaft ohne Rechtssystem beispielsweise sei nicht vorstellbar.

Im Rechtssystem steigt heutzutage die Zahl von Entscheidungen, die zu treffen sind, auf ein unüberschaubares Maß. Darum kann in der Gegenwartsgesellschaft Gerechtigkeit die Gewährleistung von konsistenten Entscheidungen im Rechtssystem bedeuten. Das Rechtssystem müsse darum in seiner Struktur so gestaltet sein, dass die Garantie gegeben ist, dass gleiche Fälle gleich und ungleiche ungleich entschieden werden. Dies geschieht nach Luhmann dadurch, dass entschieden wird, wie bereits entschieden worden ist. (Vgl. Luhmann 1991, 343) »Rechtsakte schließen an andere Rechtsakte an.« (Lahusen 2011, 72) Außerdem geschieht das dadurch, dass untere Gerichte sich an Entscheidungen höherer Instanzen orientieren und ein höheres Gericht, wenn eine Entscheidung eines unteren Gerichtes diesem Prinzip nicht entspricht, das Urteil kassiert. »Für parallel verlaufende Verfahren stand dazu die Einrede der Rechtshängigkeit bereit. Mehr als ein einziges Gericht konnte nicht zur selben Zeit mit derselben Sache beschäftigt sein.« (Lahusen 2011, 167) Eine solche Gewährleistung von konsistenten Entscheidungen garantiert nicht nur die Gerechtigkeit im Recht, sondern auch die Rechtssicherheit und Rechtseinheit.

Probleme mit dieser Konsistenzforderung als Maßstab für Gerechtigkeit ergeben sich nach Luhmann erst bei der Gesetzgebung: »Gesetzgebung steht, da sie Recht ändert, in notwendigem Widerspruch zur Forderung konsistenten Entscheidens. Sie ermöglicht es, gleiche Fälle ungleich und ungleiche Fälle gleich zu entscheiden.« (Luhmann 1993, 229) Solche Akte der Gesetzgebung sind oft Anlässe für eine öffentliche Debatte über Gerechtigkeit.

Zum Zusammenhang von Recht und Moral wurden hier also sechs verschiedene Auffassungen, die derzeit in der Rechtsphilosophie diskutiert werden, vorgestellt:

(1) In einer früheren Phase seiner Theorieentwicklung geht Dworkin davon aus, dass das Recht auf moralischen Prinzipien ruht, wie dem der Angemessenheit. Später dann erklärt er, dass Recht und Moral eine Einheit bilden, weil die Werte in Recht und Moral dieselben sind. Das Recht sei ein Zweig der Moral.
(2) Dem Verfahrensrecht ist die Gerechtigkeit inhärent (Hart).
(3) Das Recht bietet Entlastungsfunktionen für die Moral, und auf der anderen Seite wird die Moral zwingend, indem sie in Menschenrechte transformiert wird (Habermas).
(4) Dies ist bei Robert Alexy ebenfalls das Hauptargument, warum Moral in Rechtsnormen transformiert werden muss. Habermas und Alexy sind der Auffassung, dass Rechtsnormen solche sind, die unsere wichtigen moralischen Regeln absichern. (So auch Bayertz 2004, 260)
(5) Es gibt eine moralische Pflicht zum Rechtsgehorsam (Hoerster).
(6) Die Gerechtigkeit ist nichts anderes als »die Konsistenz des Entscheidens« (Luhmann 1993, 227).

Die Bedeutung des Verfahrensrechts

Sowohl bei der Untersuchung der Rechtsprechung wie auch bei der der Rechtsphilosophie wurde deutlich, dass das Verfahrensrecht eine zentrale Rolle spielt. Das muss es auch. Franz Neumann sagte schon bei seiner Auseinandersetzung mit dem NS-Recht, dass das »fundamentale Prinzip des Rechtsstaates die Gleichheit vor dem Gesetz« sei. (Neumann 1977, 518)

Das Verfahrensrecht muss nun genauer angesehen werden, um zu ermitteln, wie die gleichheitsbasierte Gerechtigkeit im Recht durch das Verfahrensrecht Gestalt annimmt. Erinnert sei an dieser Stelle an die These von H. L. A. Hart, dass den Verfahrensstandards die Gerechtigkeit inhärent sei. »In der bloßen Vorstellung von der Anwendung einer generellen Regel liegt der Keim der Gerechtigkeit«, sagt Hart. (Hart 1994, 206) Und Habermas ergänzt, dass »Legitimität durch Legalität möglich ist, soweit die Verfahren zur Produktion rechtlicher Normen [und Gerichtsurteile] auch im Sinne einer moralisch-praktischen Verfahrensrationalität vernünftig sind und auf vernünftige Weise praktiziert werden« (Habermas 1992, 552). Das Bundesverfassungsgericht geht überdies davon aus, dass Gerechtigkeit, Moral und Rechtmäßigkeit durch die Verfahrensregeln verwirklicht werden, und angloamerikanische Juristen nennen die Verfahrensstandards »natürliche Gerechtigkeit«. (Hart 1994, 206) Deutsche Rechtsphilosophen betonen, dass »normative Richtigkeit oder Gerechtigkeit nicht an Inhalten, sondern nur an richtigen Verfahren gemessen werden kann« (Vogel 1998, 2).
Interessant in diesem Zusammenhang ist, dass empirischen Untersuchungen zufolge für Jugendliche die Verfahrensregeln entscheidend für die Gerechtigkeit im Recht sind. Sie sprachen sich für das Recht des Angeklagten auf ein faires Verfahren aus. Auf einer Skala von 1 bis 10 lag bei Heranwachsenden ab zwölf Jahren die Bewertung bei 9,31. (Vgl. Weyers 2012, 305) »Insgesamt zeigt die Auswertung des Szenarios, dass die Jugendlichen alters-, geschlechts- und religionsübergreifend zumeist ein Bewusstsein der geltenden verfahrensrechtlichen Prinzipien haben. Mit großer Mehrheit sprechen sie sich für zentrale Rechte des Angeklagten aus.« (Weyers 2012, 318) Genau diese werden durch die deutsche Strafprozessordnung geschützt.
Nun genug der Theorie! Sehen wir uns das in den verfassungsgerichtlichen, rechtsphilosophischen und empirischen Aussagen als so bedeutend herausgestellte Verfahrensrecht

genauer an. Es ist bei uns die Strafprozessordnung (StPO), die den Gang des Strafverfahrens (Ermittlungsverfahren, Hauptverhandlung, Rechtsmittel) regelt. Das Gebot des »Fair Trial« ist ein generelles Gebot für alle Verfahren und wird in Artikel 6 der Europäischen Menschenrechtskonvention (EMRK) gesichert. Für den Strafprozess erlangt es besondere Bedeutung, denn der Strafprozess ist die »intensivste Konfrontation mit der staatlichen Hoheitsgewalt« (Tiedemann 2003, 117). Darum soll »Waffengleichheit" (Pfeiffer 1999, 21, Rdn 29) hergestellt werden und eine möglichst genaue rechtliche Regelung und Eingrenzung der staatlichen Machtbefugnisse erfolgen. Der Staat ist unvergleichlich viel stärker als der Beschuldigte oder Angeklagte, der in der Regel keine strafprozessualen Kenntnisse hat und darum Rechte, die er nicht kennt, logischerweise nicht wahrnehmen kann. Dem Beschuldigten oder Angeklagten steht nicht der ganze Polizeiapparat mit all seiner kriminalistischen Technik zur Verfügung, dem Staatsanwalt hingegen sehr wohl. »Der Beschuldigte hat somit regelmäßig keine Chance, sich gegen den juristisch ausgebildeten, in der Sache unbefangenen sowie über hoheitliche Zwangsbefugnisse und den polizeilichen Ermittlungsapparat verfügenden Staatsanwalt durchzusetzen.« (Tiedemann 2003, 171)

Deshalb müssen im Strafprozess zunächst einmal einige Grundregeln eingehalten werden. Zum Prinzip des »Fair Trial« gehören die Trennung von anklagender Staatsanwaltschaft und unabhängiger Richterschaft. Erst zu Beginn des 20. Jahrhunderts wurden die Richter unabhängig von der Fremdverwaltung des Staates. (Vgl. Lahusen 2011, 113) Diese Unabhängigkeit ist eine Errungenschaft gegenüber dem Inquisitionsprozess, in dem es eine »Einheit von verfolgendem und urteilendem Richter« gab (Tiedemann 2003, 122). Im Nationalsozialismus bestand diese Trennung nur als Farce. (Vgl. Schäfer 2006, 208) Der Richter im heutigen Strafprozess muss die Wahrheit von Amts wegen erforschen. (§ 244, 2 StPO) Außerdem muss der Staatsanwalt auch zugunsten des Angeklagten ermitteln (§ 160, 2 StPO), denn jener hat, wie schon gesagt, die kriminalistische Technik und den Polizeiapparat auf seiner Seite, die dem Beschuldigten oder Angeklagten nicht zur Verfügung stehen. Zum Prinzip des »Fair Trial« gehört weiter, dass der Angeklagte sich nicht selbst belasten muss (nemo tenetur se ipsum accusare), und es gilt die Unschuldsvermutung (in dubio pro reo), festgelegt in Artikel 6, 2 EMRK, in dem es heißt: »Jede Person, die einer Straftat angeklagt ist, gilt bis zum gesetzlichen Beweis ihrer Schuld als unschuldig.«

Weil der Beschuldigte zunächst keine Chance hat, sich gegen die in jeder Hinsicht besser ausgestattete Staatsanwaltschaft zu behaupten, hat er weiterhin das Recht auf einen Verteidiger. (§ 137 StPO) Das ist seit Mitte des 19. Jahrhunderts selbstverständlich. (Vgl. Lahusen 2011, 106) Der Beschuldigte kann in jedem Stadium des Verfahrens einen Verteidiger seines Vertrauens hinzuziehen. In Verfahren vor dem Landgericht oder höheren Gerichten muss er sogar einen Rechtsanwalt haben, das heißt, es ist dem Gericht verboten, gegen einen unverteidigten Angeklagten zu verhandeln. Der Verteidiger hat diverse Pflichten. Der folgende Pflichtenkatalog ist »von Rechtsprechung und Rechtswissenschaft« entwickelt worden (Lüthke/Müller 1997, 61): Der Verteidiger hat alles vorzubringen, was für den Beschuldigten günstig ist, er hat dazu – wenn nötig – an Zeugen und Sachverständigen Kritik zu üben und die Befangenheit eines Richters zu rügen. Der Rechtsanwalt darf nicht zur Überführung des Angeklagten beitragen. »Die dem Verteidiger obliegende Wahrheitspflicht führt nicht dazu, daß er ihm zur Kenntnis gelangende belastende Umstände, die der Strafverfolgungsbehörde verborgen geblieben sind, offenbaren müßte.« (Pfeiffer 1999, 40, Rdn 65) Er muss Freispruch beantragen, wenn ihm der Nachweis der Schuld des Angeklagten nicht lückenlos geführt erscheint. »Er ist Garant der Unschuldsvermutung.« (Pfeiffer 1999, 39, Rdn 64) Der eigene Glaube an die Schuld darf ihn nicht davon abhalten, Freispruch zu beantragen, ja nicht einmal das persönliche Geständnis des Angeklagten dem Verteidiger gegenüber. (Vgl. Pfeiffer 1999, 40, Rdn 65) Der Verteidiger hat weiterhin Rechte, die von denen des Angeklagten oder Beschuldigten abgeleitet sind. Dazu gehört die Akteneinsicht oder das Recht, Beweisanträge zu stellen.

Des Weiteren ist die Laienbeteiligung, das ist die Mitwirkung von Schöffen, eine demokratische Errungenschaft, die das Strafverfahren gerecht machen soll. Die Herstellung und Gewährleistung der Öffentlichkeit ist ebenfalls einer der fundamentalen Grundsätze des Strafverfahrens. Er geht auf Montesquieu zurück. (Vgl. Tiedemann 2003, 144) Mit ihm sollte eine die Menschenrechte achtende Rechtspflege realisiert werden. Das Volk sollte die Kontrolle haben und der Prozess der Geheimjustiz entzogen werden. Das ist ein Grundsatz, den wir auch bei Kant finden: »Alle auf das Recht anderer Menschen bezogene Handlungen, deren Maxime sich nicht mit der Publizität verträgt, sind unrecht.« (*Zum ewigen Frieden* A 93) Das Inquisitionsverfahren war demgegenüber ein Geheimverfahren.

Es gibt im Strafprozess zahlreiche weitere Regeln, die dazu dienen, die Gerechtigkeit zu verwirklichen. Dazu gehört beispielsweise das Prinzip der Unmittelbarkeit und Mündlichkeit (§ 250 StPO), das sicherstellen soll, dass das Gericht sich selbst einen Eindruck von den Beweisen verschaffen kann und die Beweismittel nicht durch Surrogate ersetzt werden. Das Gericht hat nach § 261 StPO das Recht der freien Beweiswürdigung. Diese Bestimmung lautet: »Über das Ergebnis der Beweisaufnahme entscheidet das Gericht nach seiner freien, aus dem Inbegriff der Verhandlung geschöpften Überzeugung.« Beweismittel, die dem Gericht bei der Beweisaufnahme zur Verfügung stehen, sind Zeugen (§§ 48–71 StPO), Sachverständige (§§ 72–84 StPO), Inaugenscheinnahme (§§ 86 ff. StPO) und Urkunden (§§ 249–256 StPO). »Es wird dem Richter […] nicht vorgeschrieben, unter welchen Voraussetzungen er eine Tatsache für bewiesen bzw. nicht bewiesen zu halten habe.« (Pfeiffer 1999, 8, Rdn 15) Weiterhin ist das Gericht weder an die Schlussvorträge der Staatsanwaltschaft noch der Verteidigung gebunden, sondern es hat die Beweise selbst erschöpfend und nachvollziehbar zu würdigen. »Freie Beweiswürdigung« bedeutet aber nicht, dass das Gericht willkürlich verfahren darf. Es dürfen nur solche Tatsachen zugrunde gelegt werden, die das Gericht für erwiesen hält. Wenn die Tatsache allerdings aufgrund wissenschaftlicher Erkenntnis feststeht, ist für die richterliche Beweiswürdigung kein Raum, zum Beispiel bei einer DNA-Analyse, einer Blutalkoholbestimmung und den Gesetzen der Logik. (Vgl. Pfeiffer 1999, 8f., Rdn 16) Hingegen können wissenschaftliche Sachverständigengutachten der freien Beweiswürdigung unterliegen. Beispielsweise lagen im Fall des Norwegers Anders Breivik nicht übereinstimmende Sachverständigengutachten vor, die das Gericht zu bewerten hatte. Dies ist ein in der Öffentlichkeit sehr bekannter Fall, aber unterschiedliche oder gar sich widersprechende Sachverständigengutachten sind das tägliche Brot der Gerichte.

Resümee und Ausblick

Die ausführliche Darstellung der grundlegenden Bestimmungen der StPO sollen deutlich machen, was Rechtsphilosophen wie Hart und das Bundesverfassungsgericht damit meinen, wenn sie sagen, dass durch die Einhaltung der Verfahrensregeln Gerechtigkeit im Recht hergestellt wird. Die Gleichbehandlung muss gewährleistet sein, vor allem vor dem Gericht, weil der Strafprozess der stärkste Eingriff der staatlichen Hoheitsgewalt in das Leben des Einzelnen ist.

Nun könnte man mit Luhmann einwenden, dass hinter einem Gerichtsurteil immer das Interesse an einem gewünschten Ausgang des Verfahrens steht, das man regelmäßig findet, wenn man sich in die Gerichtscafeteria, ins Dienstzimmer des Richters oder in den Flur vor den Verhandlungssaal begeben hat, um in Anwesenheit aller Parteien mal »vernünftig miteinander zu reden«. (Luhmann 1988, 355) Dem wiederum könnte man mit Habermas entgegnen: »Soweit das Aushandeln von Kompromissen nach Verfahren abläuft, die allen Interessenten gleiche Chancen der Teilnahme an den Verhandlungen sichern und während der Verhandlungen gleiche Chancen gegenseitiger Einflußnahme aufeinander einräumen, damit auch generell gleiche Chancen für die Durchsetzung aller berührten Interessen schaffen, besteht die begründete Vermutung, daß die erzielten Vereinbarungen fair sind.« (Habermas 1992, 205 f.) Nach einem Beschluss des Bundesverfassungsgerichts aus dem Jahre 2005 wurde der § 257c in die Strafprozessordnung eingefügt, wonach Verständigungen über die Rechtsfolgen des Urteils unter den Beteiligten möglich sind. Die neuesten Entwicklungen deuten darauf hin, dass diese Form der Verständigung in Zukunft häufiger in Anspruch genommen wird.

Anmerkungen

1 Die Benennung der aristotelischen Ethik als Tugendethik ist verhältnismäßig neu. Vgl. dazu Horster 2012, 51 ff.
2 Vgl. dazu den Schlüsselbegriff »Rechtshängigkeit«.
3 Vgl. dazu den Schlüsselbegriff »Subsidiarität«.
4 Siehe den Schlüsselbegriff »Rechtsbegriff, unbestimmter«.
5 Diesen Zusammenhang bestreitet sehr bald danach, schon 1833, der Rechtsphilosoph Friedrich Julius Stahl im Band 2 seiner *Philosophie des Rechts*, § 36.
6 Der Justizreformer Johann Heinrich von Carmer (1720–1801) setzte als Großkanzler zusammen mit Svarez die Prozessordnung durch.
7 Sporteln sind Abgaben, die man für bestimmte gerichtliche Amtshandlungen leisten musste.
8 Zu diesen beiden Begriffen vgl. das Verzeichnis der Schlüsselbegriffe.
9 Siehe dazu den Schlüsselbegriff »Mehrwert«.
10 Zu dieser Problematik, die im vorliegenden Kontext nicht weiter ausgeführt werden kann, vergleiche die ausführlichere Erörterung von Gert Schäfer: »Der Kampf um den Normalarbeitstag, Arbeiterklasse und Staat«, in: Schäfer 2006, 145–150.
11 Siehe den Schlüsselbegriff »Rückwirkungsverbot«.
12 Täter war nach Ansicht des OLG der Richter, der den Mann verurteilte.
13 Gemeint ist Carl Schmitt mit seinem Aufsatz »Der Führer schützt das Recht«.
14 Das heißt: ein ordentliches Gerichtsverfahren.

Zitierte Literatur

Aischylos: Die Orestie (458 v. Chr.). Deutsch von Emil Staiger, Stuttgart 1958

Alexy, Robert: Die Institutionalisierung der Menschenrechte im demokratischen Verfassungsstaat, in: Gosepath, Stefan / Lohmann, Georg (Hg.): Philosophie der Menschenrechte, Frankfurt/M. 1998, S. 244–264

Arendt, Hannah: Vom Leben des Geistes: Das Denken, Bd. 1, München 1978

Arendt, Hannah: Elemente und Ursprünge totaler Herrschaft. Antisemitismus, Imperialismus, totale Herrschaft, München 1986

Arendt, Hannah: Über das Böse. Eine Vorlesung zu Fragen der Ethik. Aus dem Nachlass herausgegeben von Jerome Kohn, übersetzt aus dem Englischen von Ursula Ludz, mit einem Nachwort versehen von Franziska Augstein, München 2006

Aristoteles: Nikomachische Ethik (330 v. Chr.), auf der Grundlage der Übersetzung von Eugen Rolfes herausgegeben von Günther Bien, Hamburg 1972

Bayertz, Kurt: Warum eigentlich moralisch sein?, München 2004

Bien, Günther: Gerechtigkeit bei Aristoteles (V), in: Höffe, Otfried (Hg.): Klassiker Auslegen: »Aristoteles: Die Nikomachische Ethik«, Berlin 1995, S. 135–164

Bloch, Ernst: Naturrecht und menschliche Würde (= Gesamtausgabe, Bd. 8), Frankfurt/M. 1961

Ceming, Katharina: Ernstfall Menschenrechte. Die Würde des Menschen und die Weltreligionen, München 2010

Dietze, Hans-Helmut: Naturrecht in der Gegenwart, Bonn 1936 (Habilitationsschrift an der Universität Würzburg)

Dreier, Ralf / Paulson, Stanley L.: Einführung in die Rechtsphilosophie Radbruchs, in: Radbruch, Gustav: Rechtsphilosophie. Studienausgabe, herausgegeben von Ralf Dreier und Stanley L. Paulson, Heidelberg 1999, S. 235–250

Dworkin, Ronald: Taking Rights Seriously, Ithaka 1978, deutsch: Bürgerrechte ernstgenommen, Frankfurt/M. 1984

Dworkin, Ronald: Justice in Robes, Ithaka 2006

Dworkin, Ronald: Justice for Hedgehogs, Ithaka 2011, deutsch: Gerechtigkeit für Igel, Berlin 2012

Feuerbach, Ludwig: Gedanken über Tod und Unsterblichkeit, in: ders.: Sämtliche Werke, neu herausgegeben von Wilhelm Bolin und Friedrich Jodl, 2., unveränderte Aufl. (1903–1911), Bd. 1, Stuttgart-Bad Cannstatt 1960

Fraenkel, Ernst: Der Doppelstaat. Rückübersetzung aus dem Englischen von Manuela Schöps in Zusammenarbeit mit dem Verfasser, Frankfurt/M. 1974

Gärtner, Wolfgang: Philosophische Impulse: Recht und Gerechtigkeit von Aristoteles bis Habermas. Eine Einführung in die Ethik der Gerechtigkeit, Berlin 2012

Grotius, Hugo: De Jure Belli ac Pacis, herausgegeben, übersetzt und eingeleitet von Walter Schätzel, Tübingen 1950

Habermas, Jürgen: Die nachholende Revolution. Kleine Politische Schriften VII, Frankfurt/M. 1989

Habermas, Jürgen: Erläuterungen zur Diskursethik, Frankfurt/M. 1991

Habermas, Jürgen: Faktizität und Geltung. Beiträge zur Diskurstheorie des Rechts und des demokratischen Rechtsstaats, Frankfurt/M. 1992

Habermas, Jürgen: Ach, Europa, Frankfurt/M. 2008

Habermas, Jürgen: Das Konzept der Menschenwürde und die realistische Utopie der Menschenrechte, in: ders.: Zur Verfassung Europas. Ein Essay, Berlin 2011

Hahn, Alois: Zur Soziologie der Beichte und anderer Formen institutionalisierter Bekenntnisse: Selbstthematisierung und Zivilisationsprozess, in: ders.: Konstruktionen des Selbst, der Welt und der Geschichte. Aufsätze zur Kultursoziologie, Frankfurt/M. 2000, S. 197–236

Hart, Herbert Lionel Adolphus: Recht und Moral. Drei Aufsätze, aus dem Englischen übersetzt und mit einer Einleitung herausgegeben von Norbert Hoerster, Göttingen 1971

Hart, Herbert Lionel Adolphus: The Concept of Law, second Edition, edited by Peter Cane, Tony Honore and Jane Stapleton, New York 1994

Hauskeller, Christine und Michael (Hg.): »… was die Welt im Innersten zusammenhält«. 34 Wege zur Philosophie, Hamburg 1996

Hegel, Georg Wilhelm Friedrich: Werke in zwanzig Bänden, herausgegeben von Eva Moldenhauer und Karl Markus Michel, Frankfurt/M. 1969 ff.

Hegel, Georg Wilhelm Friedrich: Frühe politische Systeme: System der Sittlichkeit, Über die wissenschaftlichen Behandlungsarten des Naturrechts, Jenaer Realphilosophie. Herausgegeben und kommentiert von Gerhard Göhler, Frankfurt/M. et al. 1974

Himmler, Heinrich: Posener Rede vom 04.10.1943 (Volltext), http://www.holocaust-history.org/himmler-poznan/speech-text.shtml, Zugriff: 09.09.2013

Hobbes, Thomas: Leviathan (1651), übersetzt und herausgegeben von J. P. Mayer, mit einem Nachwort von Malte Diesselhorst, Stuttgart 1974

Hoerster, Norbert: Die moralische Pflicht zum Rechtsgehorsam, in: ders.: Recht und Moral. Texte zur Rechtsphilosophie, Stuttgart 1987, S. 129–141

Hoerster, Norbert: Zur Verteidigung der rechtspositivistischen Trennungsthese, in: Gesang, Bernward / Schälike, Julius (Hg.): Die großen Kontroversen der Rechtsphilosophie, Paderborn 2011, S. 35–48

Hofmann, Hasso: Einführung in die Rechts- und Staatsphilosophie, Darmstadt 2000

Horn, Christoph / Scarano, Nico (Hg.): Philosophie der Gerechtigkeit, Frankfurt/M. 2002

Horster, Detlef: Ethik, Stuttgart 2009

Horster, Detlef (Hg.): Texte zur Ethik, Stuttgart 2012

Ilting, Karl-Heinz: Naturrecht, in: Brunner, Otto / Conze, Werner / Koselleck, Reinhart: Geschichtliche Grundbegriffe, Stuttgart 1972 ff., Bd. 4, S. 245–313

Kelsen, Hans: Diskussion, in: Franz-Martin Schmölz (Hg.): Das Naturrecht in der politischen Theorie, Wien 1963, S. 117–162 (Kelsen war Teilnehmer dieser Diskussion)

Kelsen, Hans: Was ist die Reine Rechtslehre? (1953), in: Gerd Roellecke (Hg.): Rechtsphilosophie oder Rechtstheorie?, Darmstadt 1988, S. 232–253

Kelsen, Hans: Reine Rechtslehre, Nachdruck der ersten Auflage Leipzig und Wien 1934, Aalen 1994

Kersting, Wolfgang: Die Wirklichkeit des Sittlichen. Hegels Kritik der Moralphilosophie, in: ders.: Macht und Moral. Studien zur praktischen Philosophie der Neuzeit, Paderborn 2010, S. 157–184

Klug, Ulrich: Prinzipien der Reinen Rechtslehre, Krefeld 1974

Koller, Peter: Meilensteine des Rechtspositivismus im 20. Jahrhundert: Hans Kelsens Reine Rechtslehre und H. L. A. Harts »Concept of Law«, in: Weinberger, Ota / Krawietz, Werner (Hg.): Reine Rechtslehre im Spiegel ihrer Fortsetzer und Kritiker, Wien / New York 1988, S. 129–178

Korte, Hermann: Einführung in die Geschichte der Soziologie, 6. Aufl., Opladen 2000

Kranz, Gisbert: Thomas von Kempen. Der stille Reformer vom Niederrhein. Ergänzt und neu herausgegeben von Peter Weinmann, Kevelaer 2012

Kuhlmann, Wolfgang: Kant und die Transzendentalpragmatik. Transzendentale Deduktion und reflexive Letztbegründung, in: Forum für Philosophie Bad Homburg (Hg.), Kants transzendentale Deduktion und die Möglichkeit von Transzendentalphilosophie, Frankfurt/M. 1988, S. 193–221

Lahusen, Benjamin: Rechtspositivismus und juristische Methode. Betrachtungen aus dem Alltag einer Vernunftehe, Weilerswist 2011

Larenz, Karl: Deutsche Rechtserneuerung und Rechtsphilosophie, Tübingen 1934

Loos, Fritz / Schreiber, Hans-Ludwig: Recht, Gerechtigkeit, in: Brunner, Otto / Conze, Werner / Koselleck, Reinhart: Geschichtliche Grundbegriffe, Stuttgart 1972 ff., Bd. 5, S. 231–311

Lüthke, Albrecht / Müller, Ingo: Strafjustiz für Nicht-Juristen. Ein Handbuch für Schöffen, Pädagogen, Sozialarbeiter und andere Interessierte. Mit einer Einführung von Gerhard Mauz, Opladen 1997

Luhmann, Niklas: Legitimation durch Verfahren, 3. Aufl., Frankfurt/M. 1983

Luhmann, Niklas: Rechtssoziologie, 2. Aufl., Opladen 1983a

Luhmann, Niklas: Die Codierung des Rechtssystems, in: Gerd Roellecke (Hg.), Rechtsphilosophie oder Rechtstheorie?, Darmstadt 1988, S. 337–377

Luhmann, Niklas: Organisation und Entscheidung, in: ders.: Soziologische Aufklärung 3, Opladen 1991, S. 335–389

Luhmann, Niklas: Das Recht der Gesellschaft, Frankfurt/M. 1993

Luhmann, Niklas: Die Politik der Gesellschaft, Frankfurt/M. 2000

Luhmann, Niklas: Kontingenz und Recht. Rechtstheorie im interdis-

ziplinären Zusammenhang. Herausgegeben von Johannes F. K. Schmidt, Berlin 2013
Marx, Karl: Grundrisse der Kritik der politischen Ökonomie (1857/58), Berlin 1953
Marx, Karl / Engels, Friedrich: Werke, herausgegeben vom Institut für Marxismus-Leninismus beim ZK der SED, Berlin 1957 (zitiert als MEW, Bandzahl und Seitenzahl)
Menger, Anton: Das Bürgerliche Recht und die besitzlosen Volksklassen. Eine Kritik des Entwurfs eines Bürgerlichen Gesetzbuches für das Deutsche Reich, Tübingen 1890
Müller, Rudolf Wolfgang: Geld und Geist. Zur Entstehungsgeschichte von Identitätsbewußtsein und Rationalität seit der Antike, Frankfurt/M. 1977
Neumann, Franz: Behemoth. Struktur und Praxis des Nationalsozialismus 1933–1944, herausgegeben von Gert Schäfer, übersetzt von Hedda Wagner und Gert Schäfer, Frankfurt/M. 1977
Paschukanis, Eugen: Allgemeine Rechtslehre und Marxismus (1923), 2. Aufl., Frankfurt/M. 1969
Pauer-Studer, Herlinde: Transformationen der Normativität – Das NS-System aus dem Blickwinkel der Moralphilosophie, in: Fritz Bauer Institut (Hg.): Moralität des Bösen. Ethik und nationalsozialistische Verbrechen, Frankfurt/M. 2009, S. 76–96
Pauer-Studer, Herlinde: Law and Morality under Evil Conditions: The SS Judge Konrad Morgen, in: Jurisprudence (2012) 3 (2), S. 367–390
Paulsen, Stanley L.: Vorwort zum Neudruck, in: Kelsen, Hans: Reine Rechtslehre, Nachdruck der ersten Auflage Leipzig und Wien 1934, Aalen 1994, S. III-VIII
Pawlik, Michael: Was wollen wir sollen? Was sollen wir wollen? Manche Kritiker Hans Kelsens stellen Fragen, die die »Reine Rechtslehre« nicht unbedingt beantworten will, in: Frankfurter Allgemeine Zeitung, Nr. 2, 4. Januar 2000, S. 47
Pfeiffer, Gerd: Einleitung, in: ders. (Hg.): Karlsruher Kommentar zur Strafprozeßordnung und zum Gerichtsverfassungsgesetz mit Einführungsgesetz, 4. Aufl., München 1999, S. 2–105
Platons sämtliche Werke, in der Übersetzung von Friedrich Schleiermacher, herausgegeben von Walter F. Otto, Ernesto Grassi und Gert Plamböck, Hamburg 1957 ff. (zitiert wird nach dieser Ausgabe)

Radbruch, Gustav: Rechtsphilosophie. Studienausgabe, herausgegeben von Ralf Dreier und Stanley L. Paulson, Heidelberg 1999
Rawls, John: A Theory of Justice, Cambridge/Mass. 1971, deutsch: Eine Theorie der Gerechtigkeit, Frankfurt/M. 1975
Schäfer, Gert: Gegen den Strom. Politische Wissenschaft als Kritik, Hannover 2006
Schelsky, Helmut: Die Soziologen und das Recht. Abhandlungen und Vorträge zur Soziologie von Recht, Institutionen und Planung, Opladen 1980
Schiller, Friedrich: Sämtliche Werke in fünf Bänden, herausgegeben von Gerhard Fricke und Herbert G. Göpfert in Verbindung mit Herbert Stubenrauch, Bd. 2, München 1980
Schnädelbach, Herbert: Aufklärung und Religionskritik, in: Deutsche Zeitschrift für Philosophie, 54. Jg. (Nr. 3/2006), S. 331–345
Schnädelbach, Herbert: Was Philosophen wissen und was man von ihnen lernen kann, München 2012
Sophokles: Antigone. Tragödie. Übersetzt von Wilhelm Kuchenmüller, Stuttgart 1955 [durchgesehene Ausgabe 2000]
Stučka, Petr I.: Die revolutionäre Rolle von Recht und Staat (1921), Übersetzung und Einleitung von Norbert Reich, Frankfurt/M. 1969
Tiedemann, Klaus: Das Strafprozeßrecht, in: Roxin, Klaus / Arzt, Gunther / Tiedemann, Klaus: Einführung in das Strafrecht und Strafprozeßrecht, 4. Aufl., Heidelberg 2003, S. 117–188
Vogel, Joachim: Juristische Methodik, Berlin / New York 1998
Wesel, Uwe: Juristische Weltkunde, 6. Aufl., Frankfurt/M. 1992
Wesel, Uwe: Fast alles, was Recht ist. Jura für Nicht-Juristen. Überarbeitete und aktualisierte Neuausgabe, 5. Aufl., Frankfurt/M. 1996
Wesel, Uwe: Geschichte des Rechts. Von den Frühformen bis zum Vertrag von Maastricht, München 1997
Weyers, Stefan: Entwicklung von Rechts- und Menschenrechtsvorstellungen. Normenkonflikte und Menschenrechte aus Sicht junger Christen und Muslime, Frankfurt/M. 2012
Wingert, Lutz: Der Prozess des Rechts in den Satzungen der Macht, unveröffentlichtes Ms. 2000 = Vortrag am 18. Oktober 2000 an der Universität Marburg
Wittwer, Héctor: Ein Vorschlag zur Deutung von Artikel 1 des Grundgesetzes aus rechtsphilosophischer Sicht, in: Joerden, Jan C. / Hil-

gendorf, Eric / Petrillo, Natalia / Thiele, Felix (Hg.): Menschenwürde und moderne Medizintechnik, Baden-Baden 2011, S. 161–193
Wittwer, Héctor: Recht und Moral - Versuch einer begrifflichen Abgrenzung, unveröffentlichtes Ms. 2012 = Vortrag am 15. Mai 2012 an der Leibniz Universität Hannover
Wojak, Irmtrud: Eichmanns Memoiren - Ein kritischer Essay, Frankfurt/M. 2001
Wolf, Erik: Große Rechtsdenker, 4. Aufl., Tübingen 1963
Zimmermann, Rolf: Philosophie nach Auschwitz. Eine Neubestimmung von Moral in Politik und Gesellschaft, Reinbek 2005
Zöllner, Richard: Zivilprozessordnung mit Gerichtsverfassungsgesetz und den Einführungsgesetzen, mit Internationalem Zivilprozessrecht, Kostenanmerkungen - Kommentar, 22. Aufl., Köln 2001

Kommentierte Bibliografie

Hofmann, Hasso: *Einführung in die Rechts- und Staatsphilosophie*, Darmstadt 2000

Hofmann geht systematisch und historisch zugleich vor, wobei Kulturdokumente wie die Bibel und literarische Werke der Illustrierung und vertieften Problemreflexion dienen. Recht wird durchgehend als soziales Regelsystem aufgefasst. Grundbegriffe der Rechtsphilosophie werden dargestellt und diskutiert. Die immer mitthematisierte Frage des Verhältnisses von Gerechtigkeit bzw. Moral und Recht wird am Ende auf die Frage nach einer gerechten Wirtschaftsordnung bezogen. Gute wissenschaftstheoretische Kenntnisse des Autors, die dem Leser nicht vorenthalten werden, verleihen dem Werk Präzision.

Horn, Christoph / Scarano, Nico (Hg.): *Philosophie der Gerechtigkeit*, Frankfurt/M. 2002

Was die Darstellung und Kommentierung der Gerechtigkeitstheorien betrifft, ist dies ein empfehlenswerter Band. Die Herausgeber haben nach Epochen gegliedert: Antike, Spätantike und Mittelalter, Neuzeit, 19. und 20. Jahrhundert, zeitgenössische Debatten. Allein schon die Einführungen zu diesen Kapiteln sind lesenswert.

Ilting, Karl-Heinz: *Naturrecht*, in: Brunner, Otto / Conze, Werner / Koselleck, Reinhart: *Geschichtliche Grundbegriffe*, Stuttgart 1972 ff., Bd. 4, S. 245–313

Zum Naturrecht nach wie vor Standard.

Lahusen, Benjamin: *Rechtspositivismus und juristische Methode. Betrachtungen aus dem Alltag einer Vernunftehe*, Weilerswist 2011

Eine eloquent und meistenteils unterhaltsam geschriebene Studie zum Verhältnis von Natur- und positivem Recht vor dem Hintergrund historisch-sozialer Veränderungen.

Loos, Fritz / Schreiber, Hans-Ludwig: *Recht, Gerechtigkeit*, in: Brunner, Otto / Conze, Werner / Koselleck, Reinhart: *Geschichtliche Grundbegriffe*, Stuttgart 1972 ff., Bd. 5, S. 231–311

Zum Verhältnis von Gerechtigkeit und Recht durch die historischen Epochen hindurch; informativ und lesenswert.

Lüthke, Albrecht / Müller, Ingo: *Strafjustiz für Nicht-Juristen. Ein Handbuch für Schöffen, Pädagogen, Sozialarbeiter und andere Interessierte. Mit einer Einführung von Gerhard Mauz*, Opladen 1997

Der Untertitel des Buches von Lüthke und Müller ist Programm. Besonders in Bezug auf das Prozessrecht (S. 45–82) informativ.

Pfeiffer, Gerd: *Einleitung*, in: ders. (Hg.): *Karlsruher Kommentar zur Strafprozeßordnung und zum Gerichtsverfassungsgesetz mit Einführungsgesetz*, 4. Aufl., München 1999, S. 2–105

Pfeiffers Einleitung ist Bestandteil eines juristischen Kommentars. Er geht auf Grundsätze ein, zum Beispiel auf den der freien Beweiswürdigung (S. 7–10), auf den Grundsatz »in dubio pro reo« (S. 10–12), auf den Grundsatz der Öffentlichkeit des Verfahrens (S. 11–13), auf den Grundsatz des »Fair Trial« (S. 20–23) und auf die Frage der Beweismittel (S. 59–75). Viele gerichtliche Entscheidungen und fachwissenschaftliche Äußerungen zu diesen Grundsätzen werden genannt.

Tiedemann, Klaus: *Das Strafprozeßrecht*, in: Roxin, Klaus / Arzt, Gunther / Tiedemann, Klaus: *Einführung in das Strafrecht und Strafprozeßrecht*, 4. Aufl., Heidelberg 2003, S. 117–188

Tiedemanns Aufsatz ist auch für Nichtjuristen gut verständlich. Er geht auf die Entwicklung und auf die heute wichtigen Grundsätze des Strafprozessrechts ein.

Vogel, Joachim: *Juristische Methodik*, Berlin / New York 1998

Vogel geht davon aus, dass die Verfahrensmethodik Rechtssicherheit gibt. Er widmet sich vor allem dem, was für die Rechtspraxis relevant ist, dem Richterrecht und der Gesetzgebungsmethodik.

Wesel, Uwe: *Juristische Weltkunde*, 6. Aufl., Frankfurt/M. 1992

Wesel geht historisch und systematisch zugleich vor; seine Ausführungen sind dabei für den Laien hinführend und so verständlich, dass man all denen, die das Jurastudium aufnehmen wollen, diesen Band als Pflichtlektüre empfehlen muss. Man kann mithilfe von Wesels Ausführungen alles einordnen, was einem als Jurastudentin und Jurastudent unzusammenhängend und bisweilen unverständlich vorkommt.

Wittwer, Héctor: *Ein Vorschlag zur Deutung von Artikel 1 des Grundgesetzes aus rechtsphilosophischer Sicht*, in: Joerden, Jan C. / Hilgendorf, Eric / Petrillo, Natalia / Thiele, Felix (Hg.): *Menschenwürde und moderne Medizintechnik*, Baden-Baden 2011, S. 161–193

Eine gut durchdachte und plausibel argumentierende Bestimmung des Verhältnisses von Menschenwürde, Menschen- und Grundrechten. Eine mit Gewinn zu lesende Arbeit.

Wolf, Erik: *Große Rechtsdenker*, 4. Aufl., Tübingen 1963

Die wohl ausgereifteste Monografie über die Rechtsphilosophen ab dem ausgehenden Mittelalter und der Neuzeit. Es sind nicht nur die einzelnen Personen dargestellt, sondern auch der Zusammenhang mit der zeitlichen Entwicklung, in der diese Rechtsdenker auftraten. Leider fehlen Rechtsphilosophen der Antike und der Gegenwart. Auch auf das nationalsozialistische Recht wird nicht eingegangen. Dennoch eine sehr informative Darstellung der Rechtsphilosophie des ausgehenden Mittelalters und der Neuzeit.

Schlüsselbegriffe

Beweiswürdigung, freie Das Prinzip der freien Beweiswürdigung nach § 261 StPO bedeutet, dass das Gericht die Ergebnisse der Hauptverhandlung unabhängig, vollständig und den Gesetzen der Logik entsprechend bei der Urteilsberatung zu würdigen hat.

Billigkeit Fähigkeit, als Richter angesichts abstrakter Gesetze angemessen urteilen zu können. Dazu bedarf es der personalen praktischen Urteilskraft.

Ermessensspielraum siehe Rechtsbegriff, unbestimmter

Fabrikgesetzgebung Gesetzgebung, die nicht mehr nur auf den Austausch- oder Zirkulationsprozess beschränkt blieb, sondern auf den Produktionsprozess durchgriff. Die Fabrikgesetzgebung setzte in England 1833 mit der zeitlichen Beschränkung des Arbeitstages für Kinder ein. Sie wurde unter anderem weitergeführt mit dem Verbot von Frauenarbeit in Bergwerken (1842), der allgemeinen Beschränkung der Wochenarbeitszeit auf 63 Stunden (1847) bis hin zu den heutigen differenzierten Arbeitsschutzbestimmungen.

Fair Trial Das Prinzip des »Fair Trial« ist in Artikel 6 der Europäischen Menschenrechtskonvention festgelegt und garantiert ein faires Gerichtsverfahren.

Gerechtigkeit Seit Aristoteles besteht Gerechtigkeit in der Gleichbehandlung aller Menschen. Das Recht ist demnach gerecht, wenn die Menschen gleich behandelt werden. Jede Ungleichbehandlung muss als Kränkung und Erniedrigung empfunden werden. Bezogen auf einen Gerichtsprozess ist Gerechtigkeit eine sowohl konstitutive wie regulative Idee. Die Gerechtigkeit ist für das Zustandekommen und die Durchführung des Prozesses konstitutiv, weil die Parteien davon überzeugt sind, dass durch ihn Gerechtigkeit hergestellt wird. Zugleich aber ist die Gerechtigkeit regulativ, weil man sich an der Idealvorstellung von Gerechtigkeit orientiert und versucht, sie in jedem Prozess erneut und noch besser zu realisieren.

Grundnorm Die Grundnorm ist in Hans Kelsens rechtspositivistischer Theorie die Basis, auf der alles normierte Recht beruht. Sie ist aber nicht Gegenstand rechtswissenschaftlicher Betrachtung. Sie ist irgendwann gegeben worden und jede Aussage darüber wäre reine Spekulation.

Ideologie Jede Ideologie geht erstens davon aus, dass die Welt ursprünglich in Ordnung war, und zweitens davon, dass die Gegenwart dekadent geworden ist. An der Dekadenz waren der NS-Ideologie zufolge die Juden schuld. Drittens will das auf Ideologie basierende politische Handeln den ursprünglichen Zustand wiederherstellen oder zu einer besseren Welt führen. Ideologie ist immer Heilsversprechen, Eschatologie.

In dubio pro reo Dieser Grundsatz bedeutet, dass der Angeklagte bis zum Beweis seiner Schuld als unschuldig zu gelten hat. Festgelegt ist das in Artikel 6, 2 der Europäischen Menschenrechtskonvention.

Legal und **legitim** »Legitim« bedeutet, dass etwas allgemeine Anerkennung genießt, und »legal« bedeutet, dass etwas gesetzmäßig ist. Man hält es beispielsweise für ganz legitim, wenn die Gewerkschaft mehr Urlaub fordert. Mehr Urlaub ist dann noch nicht gesetzlich legalisiert, was aber, ausgelöst durch die legitime Forderung, geschehen kann.

Mehrwert Mit diesem Begriff bezeichnete Marx das, was der Kapitalist durch den Einsatz der Ware Arbeitskraft mehr an Geld erwirtschaftet, als er für die Ware Arbeitskraft bezahlt hat. Marx symbolisierte das so: G-W-G', wobei G' die ursprüngliche Geldsumme (G), die er dem Arbeiter für seine Ware Arbeitskraft (W) bezahlt hat, plus einem Überschuss bedeutet.

Moral Ensemble von Regeln, die eingedenk dessen, dass Menschen verletzlich sind, diejenigen schützen soll, die vom Handeln anderer betroffen sind.

Naturrecht Aus Sicht seiner Vertreter das System rechtlicher Normen, die natürlicherweise gegeben und die überall und jederzeit verbindlich sind. Mit ihnen sollten darüber hinaus die positivrechtlichen Normen auf ihre Richtigkeit hin überprüft werden.

Nemo tenetur se ipsum accusare Dieser Grundsatz bedeutet, dass der Angeklagte in jedem Stadium des Verfahrens ein Schweigerecht hat und sich weder selbst belasten noch überhaupt zur Sache äußern muss.

Öffentlichkeitsprinzip Das Öffentlichkeitsprinzip ist im Strafverfahren ein hohes Gut und ein Garant der Gerechtigkeit im Recht. Das Volk sollte damit die Kontrolle haben und der Prozess der Geheimjustiz entzogen werden. Das ist ein Grundsatz, den wir schon bei Kant finden: »Alle auf das Recht anderer Menschen bezogene Handlungen, deren Maxime sich nicht mit der Publizität verträgt, sind unrecht.«

Recht Das Recht ist ein soziales Regelsystem. Kants bekannte Definition lautet: »Das Recht ist [...] der Inbegriff der Bedingungen, unter denen die Willkür des einen mit der Willkür des andern nach einem allgemeinen Gesetze der Freiheit zusammen vereinigt werden kann.« (*Einleitung in die Rechtslehre*, AB 33)

Recht, positives Im Gegensatz zum Naturrecht ist das positive Recht das von Menschen gesetzte Recht.

Rechtsbegriff, unbestimmter Es gibt unbestimmte Rechtsbegriffe, die den Entscheidungsträgern einen Ermessensspielraum eröffnen. Man muss beispielsweise *rechtlich* prüfen, ob ein »berechtigtes Interesse des Antragsstellers« vorliegt oder ob die Entscheidung im Sinne des »Gemeinwohls« ist. Es werden vom Entscheidungsträger auch *Wertausfüllungen* verlangt, wenn er etwa entscheiden muss, ob etwas »gegen die guten Sitten« verstößt, ob etwas dem »Billigkeits- und Gerechtigkeitsempfinden aller anständig Denkenden« entspricht oder etwas »angemessen« ist. Darüber hinaus gibt es unbestimmte Rechtsbegriffe im *tatsächlichen Bereich*: »bei Einbruch der Dunkelheit«, »bei Glätte«. Für alle drei genannten Arten unbestimmter Rechtsbegriffe findet der Entscheidungsträger in den für solche Fälle vorangegangenen Entscheidungen Orientierungen. »Rechtsakte schließen an andere Rechtsakte an.« (Lahusen 2011, 72) Es muss so entschieden werden, wie bereits entschieden worden ist. (Vgl. Luhmann 1991, 343) Durch diese Gleichbehandlung sollen Gerechtigkeit und Rechtssicherheit hergestellt werden.

Rechtseinheit siehe Rechtshängigkeit

Rechtshängigkeit Durch die Einrede der Rechtshängigkeit, die es im Straf-, Zivil- und Verwaltungsrecht gibt, soll vermieden werden, dass ein und derselbe Sachverhalt gleichzeitig vor verschiedenen Gerichten mit möglicherweise unterschiedlichen Urteilen verhandelt wird. Durch diese Einrede soll die Rechtseinheit gewahrt bleiben.

Rechtspositivismus Die Rechtspositivisten wollen sich im Gegensatz zu den Naturrechtlern jeder Wertung enthalten. Die Beschreibung des existierenden Rechts und die Bewertung des Rechts werden von ihnen strikt getrennt. Die Forschungen der Rechtspositivisten beziehen sich auf die tatsächlich vorliegende Rechtsordnung, auf empirisch feststellbare Rechtssätze, Rechtsgrundsätze und auf das Richterrecht.

Rückwirkungsverbot Im Artikel 103, 2 des Grundgesetzes heißt es: »Eine Tat kann nur bestraft werden, wenn die Strafbarkeit gesetzlich bestimmt war, bevor die Tat begangen wurde.« Im § 1 StGB findet man die wortgleiche Formulierung.

Sittlichkeit Damit ist nach Hegel das Ensemble bestehender eingelebter Selbstverständlichkeiten gemeint. Auf ihrer Basis können moralische und rechtliche Normen ihre Kraft entfalten. Recht und Moral sind verschiedene Ausprägungen der Sittlichkeit, bilden aber eine Identität, weil sie gleichermaßen aus der Sittlichkeit entspringen. »Was der Mensch tun müsse, […] ist in einem sittlichen Gemeinwesen leicht zu sagen, – es ist nichts anderes von ihm zu tun, als was ihm in seinen Verhältnissen vorgezeichnet, ausgesprochen und bekannt ist.« (Hegel 1969 ff., Bd. 7, § 150, S. 298)

Stoa Die Stoa ist eine philosophische Schule, die eine vernunftausgerichtete Lebensweise propagiert. Benannt ist sie nach der mit Bildern geschmückten Halle in Athen.

Subsidiarität Formelle Subsidiarität liegt vor, wenn ein Täter wegen eines Tatbestands nicht bestraft wird, falls ein anderer Tatbestand greift. Zum Beispiel kommt der § 316 StGB nur zum Zuge, wenn nicht schon nach § 315a oder § 315c bestraft wird. § 316 StGB lautet: »Wer im Verkehr (§§ 315 bis 315d) ein Fahrzeug führt, obwohl er infolge des Genusses alkoholischer Getränke oder anderer berauschender Mittel nicht in der Lage ist, das Fahrzeug sicher zu führen, wird mit Freiheitsstrafe bis zu einem Jahr oder mit Geldstrafe bestraft, wenn die Tat nicht in § 315a oder § 315c mit Strafe bedroht ist.«

Verfahrensrecht Ein Prozess wird nach den Regeln des Verfahrensrechts durchgeführt. Jeder Zweig der Gerichtsbarkeit hat ein Verfahrensrecht. Das Verfahren im Zivilprozess ist in der Zivilprozessordnung (ZPO) normiert. Im Strafprozess gilt die Strafprozessordnung (StPO). Im Verwaltungsprozess gilt die Verwaltungsgerichtsordnung (VwGO). Im Arbeitsgerichtsprozess gilt das Arbeitsgerichtsgesetz (ArbGG). Im finanzgerichtlichen Verfahren gilt die Finanzgerichtsordnung (FGO). Es gibt viele weitere Verfahrensordnungen. Ein Verstoß gegen das Verfahrensrecht kann ein Revisionsgrund sein.

Zeittafel

525–456 v. Chr.	Aischylos	
	458	*Orestie*
497/6–406/5 v. Chr.	Sophokles	
	442	*Antigone*
469–399 v. Chr.	Sokrates	
428/7–348/7 v. Chr.	Platon	
	um 399	*Kriton*
	um 370	*Politeia*
	um 350	*Nomoi*
384–322 v. Chr.	Aristoteles	
	um 330	*Nikomachische Ethik*
300 v. Chr.	Stoa: Beginn mit der Lehrtätigkeit Zenons von Kition	
106–143 v. Chr.	Cicero	
354–430	Augustinus	
1224–1274	Thomas von Aquin	
1583–1645	Hugo Grotius	
	1625	*De Jure Belli ac Pacis*
1588–1679	Thomas Hobbes	
	1651	*Leviathan*
1655–1728	Christian Thomasius	
1724–1804	Immanuel Kant	
	1771	*Kritik der reinen Vernunft*
	1788	*Kritik der praktischen Vernunft*
	1795	*Zum ewigen Frieden*
	1797	*Metaphysik der Sitten*
1746–1798	Carl Gottlieb Svarez	
	1794	*Preußisches Landrecht*
1770–1831	Georg Wilhelm Friedrich Hegel	

	1805–06	*Jenaer Realphilosophie*
	1821	*Grundlinien der Philosophie des Rechts*
	1830	*Enzyklopädie der philosophischen Wissenschaften im Grundriß*
1779–1861	Friedrich Carl von Savigny	
1790–1859	John Austin	
1818–1883	Karl Marx	
	1867	*Das Kapital*
1820–1895	Friedrich Engels	
	1845	*Die Lage der arbeitenden Klasse in England*
1841–1906	Anton Menger	
	1890	*Das Bürgerliche Recht und die besitzlosen Volksklassen*
1865–1932	Petr I. Stučka	
	1921	*Die revolutionäre Rolle von Recht und Staat*
1878–1949	Gustav Radbruch	
	1932	*Rechtsphilosophie*
	1946	*Gesetzliches Unrecht und übergesetzliches Recht*
1881–1973	Hans Kelsen	
	1934	*Reine Rechtslehre*
1885–1977	Ernst Bloch	
	1961	*Naturrecht und menschliche Würde*
1891–1937	Eugen Paschukanis	
	1923	*Allgemeine Rechtslehre und Marxismus*
1898–1975	Ernst Fraenkel	
	1941	*Der Doppelstaat*
1900–1954	Franz Neumann	
	1942/1944	*Behemoth*

1903–1993	Karl Larenz	
	1934	*Deutsche Rechtserneuerung und Rechtsphilosophie*
1906–1975	Hannah Arendt	
	1951	*Elemente und Ursprünge totaler Herrschaft*
	1963	*Eichmann in Jerusalem*
	1965 (2006)	*Über das Böse*
1907–1992	Herbert Lionel Adolphus Hart	
	1961	*The Concept of Law*
1912–1984	Helmut Schelsky	
	1980	*Die Soziologen und das Recht*
1927–1998	Niklas Luhmann	
	1969	*Legitimation durch Verfahren*
	1972	*Rechtssoziologie*
	1993	*Das Recht der Gesellschaft*
1929	Jürgen Habermas	
	1992	*Faktizität und Geltung*
	2011	*Das Konzept der Menschenwürde und die realistische Utopie der Menschenrechte*
1931–2013	Ronald Dworkin	
	1977	*Talking Rights Seriously*
	2006	*Justice in Robes*
	2011	*Justice for Hedgehogs*
1937	Norbert Hoerster	
	1987	*Recht und Moral. Texte zur Rechtsphilosophie*
	2011	*Zur Verteidigung der rechtspositivistischen Trennungsthese*

1945	Robert Alexy	
	1998	*Die Institutionalisierung der Menschenrechte im demokratischen Verfassungsstaat*